ASÍ HABLA LA TIERRA

Jordi Pigem

ASÍ HABLA LA TIERRA

editorial Kairós

© 2022 Jordi Pigem

© 2022 Editorial Kairós, S. A.
www.editorialkairos.com

Primera edición: Febrero 2022

ISBN: 978-84-9988-916-0
Depósito legal: B 464-2022

Diseño e ilustraciones: Inês Castel-Branco
Impresión y encuadernación: Romanyà-Valls. 08786 Capellades

SUMARIO

FUENTES

人法地
地法天
天法道
道法自然

El ser humano es guiado por la Tierra,
la Tierra es guiada por el cielo,
el cielo es guiado por el *dao*,
el *dao* es guiado por lo espontáneamente sí-mismo.

Laozi, *Daodejing*, 25

Τόνδε τὸν κόσμον ζῷον ἔμψυχον ἔννουν [...]
ζῷον ἓν ὁρατόν, πάνθ' ὅσα αὐτοῦ κατὰ φύσιν συγγενῆ ζῷα
ἐντὸς ἔχον ἑαυτοῦ, συνέστησε.

Este cosmos es un ser vivo, dotado de psique y de intelecto […],
un ser vivo único, visible, que contiene dentro de sí a todos los
seres vivos, que por naturaleza son sus congéneres.

PLATÓN, *Timeo*, 30b-31a

妙淨明心、汝作麼生會
山河大地、日月星辰

La mente, clara y pura y maravillosa, ¿cómo entenderla?
Montañas, ríos y Tierra; sol, luna y estrellas.

Dōgen, *Shinji Shōbōgenzō*, caso 168

*Nasce l'erbe sopra li prati e le foglie sopra li alberi, e ogn'anno
in gran parte si rinovano; adunque potremo dire la terra avere
anima vegetativa e che la sua carne sia la terra, li sua ossi sieno
li ordini delle collegatione de sassi di che si compongano le montagne,
il suo tenerume sono i tufi, il suo sangue sono le vene delle acque.
Il lago del sangue che sta dintorno al core è il mare oceano,
il suo alitare è il crescere e discrescere del sangue pe' li polsi,
e così nella terra è il flusso e riflusso del mare.*

La hierba crece en los prados y las hojas en los árboles, y cada
año muchas de ellas se renuevan. De modo que podemos decir
que la Tierra tiene una fuerza vital de crecimiento, y que su carne
es la tierra, sus huesos son las secuencias de estratos rocosos que
conforman las montañas, sus cartílagos son las rocas porosas,
su sangre son las venas de agua. El lago de sangre que rodea al
corazón es el océano, su ritmo es el flujo y reflujo de la sangre
en el pulso y corresponde al flujo y reflujo del mar.

LEONARDO DA VINCI, *Códice Leicester*, folio 34r

*Se dumque lo spirto, l'anima, la vita si ritrova in tutte le cose,
e secondo certi gradi empie tutta la materia: viene certamente
ad essere il vero atto, e la vera forma de tutte le cose.
L'anima dumque del mondo, è il principio formale constitutivo
de l'universo, e di ciò che in quello si contiene.*

Si entonces el espíritu, el alma, la vida se encuentra en todas las
cosas, y llena toda la materia en diversos grados, sin duda viene
a ser el verdadero acto y la verdadera potencia de todas las cosas.
Por tanto, el Alma del Mundo es el principio constitutivo formal
del universo y de todo lo que el universo contiene.

Giordano BRUNO, *De la causa, principio et uno*, «Dialogo secondo»
(*De la causa, principio y uno*, «Diálogo segundo», 1584)

*In questo universo metto una providenza universal, in virtù della
quale ogni cosa vive, vegeta et si move et sta nella sua perfettione.
[...] Quanto al Spirito divino per una terza persona, non ho possuto
capire secondo il modo che si deve credere; ma secondo il modo
pittagorico, conforme a quel modo che mostra Salomone, ho inteso
come anima dell'universo.*

En este universo asumo que hay una providencia universal, en
virtud de la cual toda cosa vive, crece, se mueve y se mantiene
en su perfección. [...] En cuanto al Espíritu santo como tercera
persona divina, no he podido concebirlo como se ha de creer;
sino que según el modo pitagórico, y conforme al modo que
muestra Salomón, lo he entendido como Alma del Universo.

Giordano BRUNO, ante la Inquisición, en Venecia, 2 de junio de 1592

Das System der Natur ist zugleich das System unseres Geistes. [...]
Solange ich selbst mit der Natur identisch bin, verstehe ich was eine
lebendige Natur ist so gut, als ich mein eigenes Leben verstehe; [...]
sobald ich aber mich und mit mir alles Ideale von der Natur trenne,
bleibt mir nichts übrig als ein totes Objekt und ich höre auf, zu
begreifen, wie ein Leben außer mir möglich sei. [...] Die Natur soll
der sichtbare Geist, der Geist die unsichtbare Natur sein.

El sistema de la naturaleza es a la vez el sistema de nuestro
espíritu. [...] Mientras soy idéntico a la naturaleza, comprendo
tan bien lo que es una naturaleza viva como entiendo mi
propia vida; [...] pero en cuanto me separo y conmigo separo
todo lo ideal de la naturaleza, no me queda nada más que
un objeto muerto y dejo de concebir cómo es posible una vida
fuera de mí. [...] La naturaleza ha de ser el espíritu visible;
el espíritu, la naturaleza invisible.

Friedrich Wilhelm Joseph SCHELLING, *Ideen zu einer Philosophie
der Natur* (Ideas para una filosofía de la naturaleza), 1797

In dem Wäldern des Amazonenflußes wie auf dem Rücken der hohen Anden erkannte ich, wie von einem *Hauche beseelt vom Pol zu Pol nur* ein *Leben ausgegossen ist in Steinen, Pflanzen und Tieren und in des Menschen schwellender Brust.*

En las selvas del Amazonas y en las altas cordilleras de los Andes vi cómo, de un polo al otro polo, hay *una única* vida, animada como por *un único* aliento, que se despliega en piedras, plantas y animales y en el pecho henchido del ser humano.

Alexander von HUMBOLDT, carta a Caroline von Wolzogen, 14 de mayo de 1806

Den Naturwissenschftlichen Bestrebungen ein höherer Standpunkt angewiesen werden kann, von dem aus alle Gebilde und Kräfte sich als ein durch innere Regung belebtes Naturganzes offenbaren. Nicht ein totes Aggregat ist die Natur, sie ist [...] (wie Schelling [...] sich ausdrückt) «die heilige, ewig schaffende Urkraft der Welt, die alle Dinge aus sich selbst erzeugt und verktätig hervorbringt».

Se puede dar a los esfuerzos científicos un punto de vista más alto, desde el cual todas las formaciones y fuerzas se manifiestan como una naturaleza global, viviente y animada por un impulso interno. La naturaleza no es un agregado muerto, sino que es [...] (como dice Schelling [...]) «la fuerza elemental del mundo, sagrada y eternamente creadora, que a partir de sí misma genera y produce activamente todas las cosas».

Alexander von HUMBOLDT, *Kosmos: Entwurf einer physischen Weltbeschreibung* (*Cosmos: Ensayo de una descripción física del mundo*), 1845

Wir haben uns, wenn wir einigermaßen zum lebendigen Anschaun
der Natur gelangen wollen, selbst so beweglich und bildsam zu
erhalten, nach dem Beispiele mit dem sie uns vorgeht. [...]
Hiebei bekenn' ich, daß mir von jeher die große und so bedeutend
klingende Aufgabe «erkenne dich selbst», immer verdächtig vorkam
[...]. Der Mensch kennt nur sich selbst, insofern er die Welt kennt,
die er nur in sich und sich nur in ihr gewahr wird.

Si queremos conseguir una contemplación viva de la naturaleza
tenemos que hacernos tan ágiles y flexibles como ella, siguiendo
el ejemplo que ella misma nos da. [...] Aquí admito que siempre
he sospechado de la gran y tan altisonante tarea del «conócete
a ti mismo» [...]. Una persona solo se conoce a sí misma en la
medida en que conoce el mundo, del cual solo es consciente en
sí misma y solo en el cual es consciente de sí misma.

Johann Wolfgang von GOETHE, *Zur Morphologie*
(Sobre morfología), 1817-1823

To the dull mind all nature is leaden.
To the illuminated mind the whole world
burns & sparkles with light.

Para la mente apagada, toda la naturaleza es plomiza.
Para la mente iluminada, el mundo entero
está en llamas y destella luz.

Ralph Waldo EMERSON, *Diarios*, 20 de mayo de 1831

We ought to dance with rapture that we should be alive and in the flesh, and part of the living, incarnate cosmos. I am part of the sun as my eye is part of me. That I am part of the earth my feet know perfectly, and my blood is part of the sea. [...] So my individualism is really an illusion. I am part of the great whole, and I can never escape. But I can deny my connections, break them and become a fragment. Then I am wretched.

Deberíamos danzar en éxtasis por el hecho de estar vivos y encarnados, y de ser parte del cosmos vivo y encarnado. Soy parte del sol como mi ojo es parte de mí. Mis pies saben perfectamente que soy parte de la tierra, y mi sangre es parte del mar. [...] Así que mi individualismo en realidad es una ilusión. Soy parte del gran todo, del que nunca puedo escapar. Pero puedo negar mis conexiones, romperlas y convertirme en un fragmento. Entonces estoy perdido.

D.H. LAWRENCE, *Apocalypse and the Writings on Revelation*
(publicado tras su muerte en 1930)

Revenir aux choses mêmes, c'est revenir à ce monde avant la connaissance dont la connaissance parle toujours, et à l'égard duquel toute détermination scientifique est abstraite, significative et dépendante, comme la géographie à l'égard du paysage où nous avons d'abord appris ce que c'est qu'une forêt, une prairie, une rivière. [...] La vraie philosophie est de rapprendre à voir le monde, et en ce sens une histoire racontée peut signifier le monde avec autant de profondeur qu'un traité de philosophie.

Volver a las cosas mismas es volver a ese mundo anterior al conocimiento, del que el conocimiento siempre *habla*, y respecto al cual toda puntualización científica es una derivación abstracta de signos, como lo es la geografía respecto al paisaje en que originariamente hemos aprendido qué es un bosque, un prado o un río. [...] La verdadera filosofía consiste en reaprender a ver el mundo, y en este sentido una historia narrada puede dar significado al mundo con tanta profundidad como un tratado de filosofía.

Maurice MERLEAU-PONTY, *Phénoménologie de la perception*, «Avant-propos» (*Fenomenología de la percepción*, «Prólogo»), 1945

If there is poetry in my book about the sea,
it is not because I deliberately put it there,
but because no one could write truthfully
about the sea and leave out the poetry.

Si hay poesía en mi libro acerca del mar,
no es porque la haya puesto allí a propósito,
sino porque nadie podría escribir verazmente
acerca del mar dejándose la poesía.

Rachel CARSON, tras recibir el Premio Nacional del Libro en 1952
por su obra *The Sea Around Us* (*El mar que nos rodea*)

*I invite you to venture out. Just for now, please overcome your
reserve and inhibition. [...] Share with me, just for now,
a symbiotic view of life and a nature-embedded perspective of mind.
Let us agree that perhaps the three greatest mysteries
of nature are existence, life, and mind.*

Te invito a aventurarte. Por un momento, por favor
supera tus reservas e inhibiciones. [...] Comparte conmigo,
por un momento, una visión simbiótica de la vida y una
perspectiva en la que la mente es parte integral de la naturaleza.
Pongámonos de acuerdo en que tal vez los tres grandes
misterios de la naturaleza son la existencia, la vida y la mente.

Lynn MARGULIS, *Chimeras and Consciousness*, «Preface»
(Quimeras y conciencia, «Prefacio»), 2011

Language is a mirror for seeing the animacy of the world, for the life that pulses through all things [...]. Imagine the access we would have to different perspectives, the things we might see through other eyes, the wisdom that surrounds us.
We don't have to figure out everything by ourselves: there are intelligences other than our own, teachers all around us. Imagine how much less lonely the world would be.

El lenguaje es un espejo para ver el carácter animado del mundo, la vida que late a través de todas las cosas [...].
Imaginad el acceso que tendríamos a perspectivas diferentes, lo que podríamos ver con otros ojos, la sabiduría que nos rodea.
No hace falta que lo averigüemos todo: hay otras inteligencias además de la nuestra, maestros que nos rodean por todas partes.
Imaginad lo mucho menos solitario que sería el mundo.

Robin Wall KIMMERER, *Braiding Sweetgrass*,
«Learning the Grammar of Animacy» (*Una trenza de hierba sagrada*,
«Aprendiendo la gramática de lo animado»), 2013

ORIGEN

Hace cuatrocientos años, en las ciudades, empezasteis a olvidar que estoy viva. Vuestros antepasados, aquí y en todas partes, me conocían. Habéis dejado de verme y de escucharme. Pocas veces sentís mi presencia y mi poder. Creéis que estáis solos en la cúspide del mundo, que sois los únicos que sienten y piensan, los únicos que cuentan. Pero el árbol que tocáis también siente vuestro tacto, la tierra que pisáis siente vuestros pasos, el agua en la que os zambullís siente vuestros cuerpos, el aire que respiráis siente vuestro ánimo.

No estáis solos.

Es hora de que sepáis lo que observo, en mi cuerpo y en vuestro horizonte.

CICLOS DE VIDA Y LUZ

Amanece en el cráter del Ngorongoro. Elefantes, cebras, hienas, hipopótamos, rinocerontes, búfalos, leones y guepardos sienten que empieza un nuevo día. Lo sienten en sus cuerpos y en su interior.

Longitud
35° Este

Amanece en el delta del Nilo. Cientos de miles de aves sienten el cambio en el aire y emprenden el vuelo.

31° E

Amanece en el delta del Danubio, ante aguas del mar Negro. Los nenúfares blancos sienten la caricia de la luz y abren sus pétalos.

29° E

Sentir o no sentir, esa es la cuestión.

Todo lo que está vivo siente, de maneras muy distintas de la vuestra.

Pensabais que estabais solos porque creíais que únicamente los humanos tenéis sensaciones. Alzasteis un muro entre vuestra vida interior y la vida que late en el conjunto de la realidad. De ahí vuestra soledad y desorientación.

25° Æ   Amanece en la isla de Delos, isla sagrada de los antiguos griegos.

En tierra, la luz inunda la Terraza de los Leones y brilla sobre el mosaico de la Casa de los Delfines. En el cielo, una garceta común y un halcón de Eleonora reanudan la exploración del mundo en el que han nacido.

Vuestra experiencia y vuestra conciencia son destellos del conjunto de la realidad.

¿Qué os hizo creer que los otros seres vivos no sienten? Si el mundo no se manifestara en su propia experiencia, de múltiples maneras, ¿cómo serían capaces de orientarse, de alimentarse y de hacer lo que les conviene en cada momento? ¿Cómo olvidasteis que toda forma de vida tiene su propia experiencia?

Un ecosistema es una sinfonía de experiencias.

Amanece en las ruinas del santuario griego de Dodona. *20° E*
Las hojas de las encinas susurran al sentir la caricia del
viento.

De Platón a Schelling, pasando por Plotino, Bruno y tan-
tos otros, vuestros grandes filósofos de Occidente sabían
que la Tierra está viva y la realidad está viva. También lo
sabían los sabios de Oriente. Era de sentido común en los
pueblos indígenas. ¿Cómo lo olvidasteis?

Amanece en la península del Gargano, ante el mar Adriá- *16° E*
tico. Los antiguos robles de la Foresta Umbra sienten la
luz de un nuevo día y empiezan a transmutarla en vida.

A través de los bosques y de las selvas, de los ríos y los
mares y océanos, a través de cada una de sus especies y de
cada uno de sus organismos, percibo el latido de la vida,
el acontecer del mundo.

Nace el día en el golfo de Orosei, en la costa oriental de *9,6° E*
Cerdeña. Una bandada de charranes empieza a desplegar
sus elegantes coreografías.
   ¿Qué inteligencia va guiando sus movimientos, momento a momento?

A la parte más dinámica de mi cuerpo la llamáis biosfera. Y mi sangre es lo que llamáis hidrosfera: el agua en que late la vida del mundo, el agua que vibra en los océanos, asciende a las nubes, cubre las montañas, duerme en el hielo, sueña bajo tierra, mana en las fuentes, fluye en los arroyos, crece en los ríos y retorna a los mares.

3,3° E Amanece en el Puig de Ferrutx, en el extremo nororiental de Mallorca. A su alrededor despiertan pinos, encinas, algarrobos y carrizos. Desde los acantilados del cabo de Ferrutx, una bandada de paíños europeos emprende el vuelo.

3,2° E Amanece en el cabo Norfeu, brazo meridional de la península del cabo de Creus. Gaviotas y pardelas mediterráneas sobrevuelan las olas, las rocas y la eclosión de orquídeas, coronillas, malvas arbóreas, narcisos mediterráneos y otras flores primaverales, que beben luz y devuelven colores, texturas y olores.

A medida que el amanecer avanza a través del Mediterráneo, el cambio en la luminosidad es también sentido bajo las aguas por los bancos de peces, las praderas de posidonia y multitud de otros seres.

A través del agua fluye la vida. Todos los organismos son variaciones construidas a partir de mis aguas. De agua se compone la mayor parte de vuestro cuerpo, especialmente los ojos y el cerebro. Vuestras células son sobre todo agua. Y el agua del mar es amiga de vuestra sangre: podéis hacer transfusiones con ella, diluyéndola.

Vuestro genio de larga barba, Leonardo da Vinci, se dio cuenta de que mis aguas son como vuestra sangre y comparó el flujo y reflujo de la sangre con el flujo y reflujo del mar.

Herman Melville, el navegante y novelista, intuyó un alma bajo la superficie del océano y en el ritmo de las mareas sintió el latir del gran corazón de la Tierra. Como dijo otro de vuestros navegantes atentos, Jacques Costeau, «la vida es agua organizada».

Amanece ante los acantilados de La Mola, en Formentera. *1,5° E* Un grupo de pardelas baleares se sumerge en las aguas, usando sus alas como aletas.

Amanece en los acantilados del sureste de Gran Bretaña. Sus blancos muros reflejan la luz, devolviéndola al sur. Su enorme volumen de caliza está hecho de billones de caparazones de microscópicos organismos marinos. Hace millones de años flotaban en las aguas océanicas. Ahora sus restos, solidificados, se alzan en silencio sobre las aguas.

Las rocas son mis huesos, que se renuevan sin cesar. Mis montañas más majestuosas están formadas de granito, una roca dura que nace en mis entrañas y que usáis en las escolleras de los puertos o, pulida, en estatuas, pavimentos y encimeras. Mis fuerzas elementales, como la lluvia, erosionan y meteorizan el granito, que acaba llegando a los ríos y océanos disuelto en compuestos de calcio y sílice. Y en los océanos esos compuestos sirven para crear belleza.

Sí, crear belleza. Con el sílice que fluye de los continentes a los océanos se forman los escultóricos caparazones de los radiolarios —organismos unicelulares que son un prodigio de simetría. Buscad imágenes de mis radiolarios, contempladlas y preguntaos si seríais capaces de generar tanta belleza en un espacio tan minúsculo, sin usar más que lo que hay en el ambiente, sin contaminar, en silencio, y contribuyendo con esa belleza al desarrollo de la vida. Con el sílice también formo diatomeas, algas microscópicas, simétricas. Las algas de mis océanos transforman dióxiodo de carbono y luz en azúcares y oxígeno, como las plantas en los continentes.

De la erosión del granito también llegan a mis mares grandes cantidades de calcita, y con ese material construyo las escamas de otras estatuas vivientes, los cocolitóforos, esenciales en la cadena alimentaria del océano. Los cocolitóforos más abundantes (los llamáis *Emiliana huxleyi*) son algas unicelulares cubiertas de ruedas de calcita, son como esferas repletas de ruedas encima de otras ruedas. Cuando hay grandes afloramientos de billones de cocolitóforos en la superficie del océano, vuestros satélites fotografían lienzos kilométricos de un color mucho más vivo que el del resto de las aguas, a veces turquesa, a veces de un verde intenso.

Preguntaos cómo estos organismos microscópicos saben construir formas escultóricas que son a la vez bellas y funcionales, como el mejor de vuestros violines.

¿Qué inteligencia los guía?

Todo lo que hago tiene un propósito, aunque pocas veces lo entendéis. ¿Os parecen un despilfarro todas estas formas escultóricas en mis microorganismos oceánicos? Aquí nada se pierde, todo tiene una función. Cuando estos organismos completan su breve e intensa vida, sus caparazones de sílice o de calcita se hunden en el oscuro fondo del océano. Allí, lejos de vuestra mirada, se acumulan toneladas de ellos, que con el paso del tiempo penetran bajo los continentes, se funden con el magma y se acabarán transformando de nuevo en granito, que un día inconcebiblemente lejano volverá a formar parte de las montañas. Y se volverá a disolver, y regresará a mis océanos, y otra vez se convertirá en las formas escultóricas de mis organismos marinos.

¿Qué sabéis, en realidad, de cómo late la vida en los ecosistemas de la Tierra?

Sois incapaces de explicar el gran prodigio de la vida. Por más que analicéis detalles de los genes, no comprendéis la unidad del organismo ni la red de relaciones dinámicas que vincula a cada ser con incontables otros seres. Desbordan vuestra comprensión.

Longitud
0° Amanece en el valle de Ordesa. El cálido abrazo de la luz avanza hacia el oeste, entre las enormes paredes de origen glaciar, despertando a pájaros carpinteros, reyezuelos, herrerillos, hayas, abetos, pinos rojos y docenas de especies de mariposas.

Vuestro cuerpo forma parte de mi cuerpo, forma parte de la biosfera. Todo lo que ingiere vuestro cuerpo procede de la biosfera, todo lo que sale de vuestro cuerpo vuelve a la biosfera. La inteligencia vital que coordina vuestro cuerpo está en sintonía con la inteligencia vital que coordina la biosfera. Pero vuestras mentes no son parte de la mía. Tienen un camino propio. Por eso os podéis alejar tanto de lo que conviene al equilibrio de la biosfera. Por eso os cuesta tanto entenderme, sobre todo cuando os alejáis de mis ritmos y os sumergís en ambientes artificiales.

Cuando se desarrolla lo mejor de vosotros, vuestra inteligencia y vuestra atención, vuestra presencia y vuestra luz, podéis acceder al fondo de la realidad.

Amanece en el hayedo de Irati. Se eleva el sol, se desplazan las sombras. En las hayas, el agua que ha pasado la noche en el interior del tronco regresa a las hojas y vuelve a iniciarse la fotosíntesis. Robles, abetos y el resto de árboles despiertan también.

Longitud
1° Oeste

En estos montes y valles, a la parte más visible de mí la llamaban Ama Lurra, «Madre Tierra». Hijas de Ama Lurra eran las hermanas Ilargi y Eguzki, luna y sol. El sol aquí era una divinidad femenina, como también lo fue para los antiguos germanos y para los japoneses. Hijo de Eguzki era Basajaun, el Señor de los Bosques, que regentaba el hayedo junto con la Señora de los Bosques, Basandere.

El hayedo es una gran familia que integra árboles gigantescos y hongos microscópicos. Cada especie es porque las otras son: todas contribuyen a mantener la salud y el vigor del bosque. En todo bosque que alcanza su plenitud (bosques maduros, los llamáis), gran parte de la biodiversidad depende de la madera que ya ha muerto y que se está descomponiendo. Los bosques maduros pronto transforman la muerte en vida.

Todas mis hojas sienten la inclinación y la intensidad de la luz. Las raíces y los microorganismos del subsuelo sienten el impacto de vuestros pasos y el peso de vuestros vehículos. A través del hayedo siento vuestra presencia, vuestra vibración y el timbre de vuestra voz. Siento los cambios de humedad en el aire, siento los cambios de dirección del viento. Siento el paso de los días, de las lunas, de las estaciones, de los años.

Preguntaos cómo hacen las hayas para que la savia ascienda treinta o cuarenta metros, desde las raíces más profundas a las ramas más altas. Un haya madura hace subir a sus cientos de miles de hojas, desde el subsuelo, unos quinientos litros de agua al día, a través de conductos finísimos, de diámetro microscópico. ¿Créeis que podéis explicarlo a base de capilaridad, transpiración y osmosis? Cada uno de mis árboles debería asombraros.

1,8° O Amanece en el macizo de Jaizkibel, donde la roca penetra en el Atlántico con una gran exhibición de formas geológicas. La luz inunda el bosque de rebollos.

La vida del subsuelo prosigue, siempre silenciosa, siempre sintiendo. Gran parte de la vida del bosque es invisible, está bajo tierra. Las raíces ocupan una extensión mayor que la copa de los árboles. Raíces de árboles distintos se encuentran en el subsuelo y se reconocen. Allí, en una oscuridad repleta de olores, raíces diminutas se extienden para tomar agua, carbono, nitrógeno, potasio, fósforo. Beben agua y nutrientes, que ascienden por la savia hasta las hojas, para acabar fundiéndose con la luz y crear más vida.

Enormes redes de hongos se extienden bajo el bosque. Conectan las raíces de todos los árboles. Los ayudan a intercambiar nutrientes y a comunicarse. Cuando ataca un patógeno, el primer árbol que lo percibe avisa a los demás, que cambian su química para protegerse.

La invisible vida del subsuelo es esencial para la vida que veis sobre la tierra. En vuestra palabra *humanos* resuena un vínculo ancestral con el humus, con la tierra fértil. En algunas de vuestras tradiciones el primer ser humano recibe su nombre, Adam o Adán, de su vínculo con la tierra viva, *adamah*. Sois tierra, y sois agua, como todo lo vivo. En el fondo de vuestra conciencia, también sois luz.

Amanece en el cabo de Gata. Los flamencos saludan al sol con su graznido atrompetado. *2,1° O*

En todo el oeste de Europa, los mirlos cantan celebrando el amanecer.

Los pájaros siguen cantando mis amaneceres. Vosotros ya casi nunca los celebráis.

Los cantos de las aves sirven a veces para anunciar dónde están, pero son sobre todo una expresión de gozo y vitalidad, como lo son vuestras canciones. Cada especie alada tiene su propio repertorio de timbres y melodías para celebrar la existencia. Hay especies, como los mirlos, en que desde la infancia cada individuo desarrolla su propio estilo de canto, único e irrepetible. Y hay mirlos que cantan mejor que otros, tal como ocurre con los seres humanos. Escuchando con atención el canto de los pájaros, podéis vislumbrar la alegría radiante que anida en el fondo de la realidad.

«¿Para qué viniste al mundo?», preguntaron hace veinticinco siglos al filósofo Anaxágoras. «Para contemplar el sol, la luna y los cielos», respondió.

Siete siglos después, otro filósofo griego, Plotino, hablaba todavía de los vínculos de simpatía que hay entre todos los elementos del cosmos. Todo está interconectado. Todo respira con un solo aliento.

Paul Celan, uno de vuestros mayores poetas del siglo xx, escribió en uno de sus primeros versos: «Der Mond von einst war runder», «La luna de antes era más redonda».

El sol y la luna ocupan prácticamente el mismo tamaño en el cielo. Por eso la luna puede ocultar perfectamente la superficie del sol en un eclipse, y dejar que luzca la corona que envuelve al gran astro luminoso. ¿Cómo es posible? Resulta que el sol tiene un diámetro cuatrocientas veces mayor que la luna, y está también cuatrocientas veces más lejos. Esa coincidencia hace que los veamos igual.

El cosmos que nos rodea está lleno de coincidencias. Para explicarlas, vuestros astrofísicos han de postular un azar cada vez más increíble. Tales coincidencias son muy difíciles de explicar en un cosmos basado en la materia, mecánico, inerte y sin sentido. Son fáciles de explicar en un cosmos lleno de vida y de sentido.

No podéis entender la vida desde fuera, mediante fórmulas, datos y abstracciones. Para conocer a una persona, miradla a los ojos, escuchad su voz con atención. Si queréis conocerme, abrid las puertas del corazón y de los sentidos. Para danzar con mis ritmos y mis criaturas, necesitáis menos pantallas y más aire fresco, menos datos y más contemplar desde el silencio.

Amanece en el estuario de Urdaibai. Garzas reales y águilas pescadoras vuelan ante el peñón de Ogoño, observando qué se mueve en la superficie de las aguas, llenando de chasquidos y cantos agudos el aire salobre. *2,6° O*

¿No contempláis los dedos de rosa de la aurora cuando amanece? ¿No observáis la danza de las nubes? ¿No veis el abrirse de las flores de los almendros, de los cerezos, de los ciruelos? ¿No apreciáis la gran fiesta de colores, olores, formas y sonidos que es la primavera?

Fijaos en la inteligencia silenciosa que guía el despliegue de la amapola, la arquitectura del dique del castor, la ingeniosa estructura de la tela que teje la araña. ¿Sabríais hacer, como ellos, prodigios de sofisticación y eficiencia con medios tan simples, sin contaminar?

¿No veis como en cada detalle de cada hoja, de cada flor y de cada fruto, voy creando preciosas formas artísticas? A cada instante, en cada rincón, creo síntesis prodigiosas de ingeniería y arte. Todo tiene una función, pero ha de ser bello, porque en la esencia del mundo habita la belleza.

La belleza de la naturaleza no se puede explicar mediante accidentes evolutivos.

Miráis, pero no veis lo esencial.

Así como vosotros apreciáis el arco iris y las auroras boreales, el olor de la tierra mojada después de la lluvia y el calor del hogar en el invierno, otros seres perciben otras formas de belleza que vosotros no veis, otras armonías que no oís, otras maravillas que no imagináis.

Amanece en Sierra Nevada. Se anima la gran sinfonía de 3,3º O los organismos diurnos, presidida desde lo alto por un águila real.

Amanece entre nubes en la desembocadura del Dart, en 3,5º O la costa británica del canal de la Mancha. Un cormorán sobrevuela los acantilados, atento a lo que acontece en las aguas.

No había camino, se hizo camino al andar. No había ríos, nacieron a través del fluir del agua. Todo lo que parece estático, incluso la roca más dura, o el diamante, ha nacido de procesos dinámicos. La estructura de vuestro corazón se forma, en el útero materno, a través de los caminos que una y otra vez labra el fluir de la sangre en el lugar en el que posteriormente se irá formando el corazón.

Siento bajar las aguas de los ríos, a través de mis árboles de ribera, que perciben la humedad; a través de mis rocas, que son esculpidas por la continua caricia de la corriente. El agua baja más fría e impetuosa en primavera, más cálida y más calma en otoño. Pero un río no solo cambia con las estaciones o tras las grandes lluvias. Cada día fluye con un ritmo y un carácter distinto, porque cada día es único.

Bajo la superficie, las aguas de los ríos descienden en dos corrientes que se van trenzando. Cuando una va por la ribera izquierda, la otra va por la derecha; cuando una fluye por la superficie, la otra avanza por el fondo. Día y noche se van turnando, trazando trenzas sin fin.

A mis aguas les gusta circular y aspiran a la circularidad. La gota es redonda, y las calas, golfos y bahías son curvas que tienden a la redondez. También buscan la circularidad las pozas, los estanques, las lagunas, los lagos. Las ondas en un estanque son círculos que se expanden horizontalmente. Las olas son círculos verticales que avanzan bajo la superficie; al acercarse a la playa, es como si las grandes olas quisieran rodar sobre sí mismas.

Cuando los ríos entran en los llanos y pueden elegir su curso en libertad, trazan meandros, porque en las líneas rectas no hay vida. Mis aguas quieren curvas, ondas, trenzas, espirales. Por eso pierden parte de su poder cuando las encerráis en canales o en tuberías. Veréis que tras el paso de los años, en el interior de las tuberías quedan marcas de que el agua intentaba recuperar su movimiento ondulante. El agua quiere imponer su fluir sinuoso sobre las líneas rectas y ángulos rectos que tanto gustan a las mentes rígidas. El agua lo intenta, y lo conseguirá si le dáis tiempo, porque en la lucha de lo vivo contra lo rígido e inerte, lo rígido e inerte puede hacer daño, pero nunca puede acabar venciendo. Lo rígido e inerte nunca tendrá la última palabra, porque la palabra es fluidez y es vida.

Las aguas sienten lo que encuentran a su paso. La dureza de cada roca, la textura del lecho del río, las múltiples formas de vida que crecen en el río y en sus riberas, los repugnantes residuos de vuestras fábricas y de vuestros sistemas de ganadería y agricultura intensiva e industrial.

Cuando acaban su curso sobre la tierra, los ríos sienten el abrazo del mar que los acoge. Pero la muerte no es un final, es una transformación. El cauce de muchos grandes ríos, como el Congo, el Nilo y el Indo, continúa bajo el mar, arrastrando sedimentos durante cientos de kilómetros, atravesando la plataforma continental y descendiendo hacia los fondos marinos, a veces a gran velocidad.

En tierra, los ríos llevan aguas; en el fondo de las aguas, los ríos llevan tierras. Mis ríos de sedimentos llevan nutrientes a fondos oceánicos en los que de otro modo apenas podría florecer la vida.

Amanece en las tejedas de la sierra del Sueve, no lejos de la costa cantábrica. Con la primavera, los tejos, muchos de ellos milenarios, reanudan su crecimiento un año más. Un nuevo anillo se desarrolla silenciosamente bajo la corteza. *5,2° O*

En la realidad todo fluye, todo vibra, todo es parte de dinámicas en continua transformación, de ritmos que resuenan a través del cuerpo del cosmos. Los objetos fijos, fríos, quietos, son solo objetos de vuestra imaginación. No hay objetos, solo hay procesos. Si no son mirados durante suficiente tiempo o con suficiente atención, algunos procesos pueden parecer estáticos, pero siguen vibrando, momento a momento, con el latido del cosmos.

En el mundo real, lo fijo e inerte es solo una sombra de lo vivo.

La vida de todos los seres emerge al unísono, de manera entrelazada, como los sonidos de una sinfonía.

Si perdéis de vista el todo, lo perdéis todo.

8,7° O Amanece en la playa de São Jacinto, ante el Atlántico, junto a la ría de Aveiro. Sobre las dunas, entre los matorrales de azucenas de mar, euforbias y algodonosas, yacen miles de residuos de plástico que el océano escupe y devuelve a la tierra.

8,9° O Amanece en las islas Cíes, frente a la ría de Vigo. Despierta su colonia de miles de gaviotas patiamarillas.

En mis océanos habitan decenas de miles de especies de peces, miles de especies de plancton, y un número de bacterias mucho mayor que el de todos los granos de arena de todos los desiertos, mucho mayor que el de todas las estrellas del universo. Mis océanos también contienen una cantidad astronómica de virus: millones de millones de millones de millones de millones. Cuando nadáis en la playa, cada gotita de agua que salta por los aires y brilla alberga medio millón de virus. Sin ellos no sería posible la prodigiosa autorregulación fisiológica de los océanos. Y sin vida en los océanos, no habría vida sobre la tierra.

Amanece en Skellig Michael, la gran pirámide rocosa que *10° O* emerge de las aguas en el sudoeste de Irlanda. Los frailecillos y alcatraces atlánticos sobrevuelan las ruinas del monasterio que hace siglos anidaba entre las escarpadas rocas. Oraban los monjes entre el gris de la piedra y el verde de la hierba, ante la inmensidad azul del océano, bajo el manto azul o gris del cielo, de día acompañados por las voces de las aves, de noche en silencio bajo las estrellas.

La realidad es un océano de océanos cuyas olas, en el fondo, nunca están separadas. Podéis distinguirlas, pero no debéis separarlas. Si las separáis, dejáis de entenderlas.

El bosque es más que una suma de árboles. La realidad es más que una suma de individuos. La sinfonía es más que una suma de notas.

Si separáis las notas de la gran sinfonía de la realidad, pierden toda su armonía.

Todos los seres sois únicos, pero no estáis separados, como las olas de un mismo océano. Una sola conciencia se despliega en billones y billones de mundos distintos.

Cada ser que siente tiene su propio mundo vital. Pero todos esos billones y billones de mundos no son independientes, sino que se reflejan unos en otros.

Cada mundo está coordinado más intensamente con aquellos que le son más semejantes. Por eso os hablo más de mamíferos y de aves que de bacterias, hongos y otros seres de mi cuerpo que os resultan menos familiares.

13° O   Amanece en La Graciosa, la isla al norte de Lanzarote. Un cernícalo vuela hacia los riscos de Famara.

Mis océanos no son como una gran piscina de agua uniforme. Al igual que vuestros cuerpos, están compuestos de incontables tejidos distintos y dinámicos. La piel de mis océanos, lo que vosotros veis como las aguas superficiales, protege las aguas más profundas de los cambios bruscos de temperatura y luminosidad. Si observáis con atención mis aguas superficiales, veréis que en ellas hay zonas con distinta composición, temperatura, color y olor.

Amanece en el Garajonay, en los altos de La Gomera. *17° O*
   A través de la niebla, el sol inunda la laurisilva, uno de los últimos reductos de los bosques húmedos que, hace millones de años, cubrían buena parte de Europa.

La madera es hija de un tronco que un día estuvo vivo. A través de la vida animal nacen el hueso y el marfil.
   La vida fosilizada da lugar a algunas rocas, como la caliza de Creta y las calizas coralinas, las calizas conchíferas y las calizas numulíticas. Gracias a los microbios se forman las rocas que llamáis microbialitas, como los estromatolitos, dendrolitos, trombolitos y leiolitos. Ahora estáis descubriendo que muchos minerales comunes nacen de procesos en los que participan las fuerzas de la vida: sulfuros (pirita, acantita, oropimente), sulfatos (yeso, barita, celestina), carbonatos (aragonita, calcita, magnesita), fosfatos, silicatos, nitratos, óxidos, hidróxidos y otros.

Un día comprenderéis que lo orgánico es más primordial que lo inorgánico.

22° O   Amanece en Faxaflói, la bahía de Faxa, en el sudoeste de Islandia. Ballenas, rorcuales y delfines de hocico blanco sienten cómo la nueva luz anima las aguas.

Mis aguas circulan de maneras que solo ahora empezáis a entender. Solo ahora, cuando tal vez ya es demasiado tarde.

Cada invierno, en el Atlántico norte, aguas que habían venido de los trópicos se tornan más frías, más saladas y más densas. Se sumergen en las profundidades en dos zonas, en el mar de Groenlandia y en el mar del Labrador, y desde el fondo del Atlántico fluyen lentamente hacia el sur.

Van pasando los inviernos y veranos en el hemisferio norte y los veranos e inviernos en el hemisferio sur. Billones de hojas caen en el norte, billones de hojas brotan en el sur. Billones de flores se abren en el norte, billones de flores se marchitan en el sur. Y en el fondo del Atlántico mi gran corriente continúa su viaje submarino, siempre hacia el sur. Pasa junto a la costa de Brasil, cerca de la Amazonia, mi mayor pulmón, y llega finalmente frente a la Antártida. Allí se une a otras aguas que durante el invierno austral, al volverse más frías y densas, también se han sumergido. Sobre los continentes, billones de árboles, año tras año, anillo tras anillo, siguen expandiendo sus troncos como ondas en un estanque.

Van transcurriendo las estaciones y las generaciones de mis organismos, y mi gran corriente de las profundidades fluye ahora lentamente alrededor de la Antártida, hacia el este. En el océano Índico, una de sus arterias vira hacia el norte, llega casi hasta la India y vuelve hacia el sur, repartiendo nutrientes, como reparten nutrientes las arterias que salen de vuestro corazón. En el océano Pacífico, otra arteria de mis profundidades se va hacia el hemisferio norte y regresa luego hacia el sur, renovando siempre la vida a su paso.

Mi gran corriente da la vuelta a la Antártida, lentamente, regresa al Atlántico y pone rumbo al norte. Siguen pasando los años, siguen sucediéndose las generaciones de mis organismos. Finalmente, estas aguas profundas afloran a la superficie, se convierten en la corriente del norte de Brasil, atraviesan el Caribe y, con el calor y los aromas de las aguas tropicales, se dirigen hacia el Ártico. Al llegar entre Islandia y Noruega, viran hacia Groenlandia. Y vuelven donde estaban hace mil años.

Cuando las aguas regresan al mar del que partieron son todavía reconocibles, como lo es vuestra sangre cuando regresa al corazón. Pero el recorrido de vuestro sistema circulatorio, del corazón a las células más remotas y de vuelta al corazón, dura alrededor de cinco minutos. En cambio, el circuito de mi gran corriente oceánica dura mil años. El agua que se sumergió en el mar de Groenlandia en la época de la guerra de Troya regresó, para iniciar un nuevo ciclo, mil años después, en la época de Aníbal, y otra vez mil años después, en la época de Carlomagno, y otra vez en la época de Napoleón.

A este circuito de mis corrientes oceánicas, vuestros científicos lo llaman circulación meridional profunda o cinta transportadora global. Mi gran corriente de mil años equilibra la temperatura y distribuye nutrientes a través de los océanos, como hace la sangre en vuestro cuerpo. Gracias a esta gran corriente, la Europa del norte tiene un clima más suave del que correspondería a su latitud. Por eso habéis podido tener unos Campos Elíseos en París, un Hyde Park en Londres y un Unter den Linden en Berlín. Gracias a mi gran corriente de mil años, que se pone en marcha cada invierno con un latido en las aguas cercanas al Ártico.

La vida de un insecto es un instante comparada con la vuestra, y vuestras vidas son instantes comparadas con la mía.

Cuanto más exploréis mi corriente de mil años, más veréis que la física y la química no pueden explicarla. Es parte de mi metabolismo, de mi fisiología. Como todo lo vivo, no puede reducirse a ecuaciones, ni a ninguna explicación que seáis capaces de concebir.

Amanece en las islas Azores, que afloran desde la gran cordillera submarina que reina en medio del Atlántico.

La mayor cordillera de la Tierra es la que recorre de manera continua el fondo de los océanos. Atraviesa todo el Atlántico, dando lugar a elevaciones como Islandia, las Azores y diversas islas menores. En el Atlántico sur, uno de sus brazos sigue hacia el océano Índico, sube hasta el golfo de Omán, desciende hasta el Índico sur, prosigue hacia el Pacífico y penetra en el golfo de California. Esta cordillera volcánica es más ancha que el Himalaya y varias veces más larga que los Andes. A sus distintas porciones las llamáis dorsales oceánicas. (No fuisteis capaces de visualizar esta inmensa cordillera hasta hace pocas décadas, cuando Heinrich Berann pintó un retrato de esta parte de mi cuerpo, basándose sobre todo en las investigaciones de Marie Tharp.)

¡Sábeis tan poco de mí, de mi cuerpo y de mi mente!

Amanece en los islotes de São Pedro y São Paulo, que afloran desde la Dorsal Media del Atlántico, como las Azores, pero mucho más al sur —están casi sobre la línea del ecuador. Aquí se detuvieron Darwin y Shackleton.

Los alcatraces pardos, las tiñosas bobas, las tiñosas menudas y otras aves pescadoras empiezan a explorar los alimentos que les ofrece el nuevo día.

Hoy, equinoccio de primavera en el hemisferio norte, equinoccio de otoño en el hemisferio sur, es el único día, junto con el equinoccio opuesto, en que el sol sale exactamente por el este y se pone exactamente por el oeste, en todas las latitudes. Amanece al mismo tiempo en todos los lugares unidos por las líneas de norte a sur que llamáis meridianos.

40-55° O Amanece en mitad del Atlántico Norte. El sol brilla sobre centenares de kilómetros de residuos de colores que flotan sobre las aguas, plásticos que se descomponen en microplásticos y que acaban en los organismos marinos y en todas partes, también en vuestros cuerpos.

Anochece sobre la gran mancha de residuos de plástico del Pacífico Norte.

En mitad de la noche, miles de kilómetros al este, flota la gran mancha de residuos de plástico del Pacífico Sur.

Millones de toneladas de plástico acaban en mis aguas cada año. Se fragmentan en microplásticos, pero no se descomponen. Acaban en el cuerpo de mis peces, pero no solo les hacen daño a ellos —y a vosotros cuando los coméis. El viento transporta los microplásticos a todos los continentes. Sabéis que puede haber microplásticos no solo en vuestros alimentos, sino también en la lluvia, en el agua que bebéis y en el aire que respiráis.

Cuando inventasteis el plástico, os pareció una maravilla: no se rompía como el vidrio, no se oxidaba como el hierro, no se descomponía como la madera. Pero las mismas propiedades que os maravillaron hacen que el plástico esté contaminando muchas de mis formas de vida.

Desde hace un siglo, habéis creado más de cien mil sustancias que contaminan la tierra, el mar y el aire. Cada año producís cientos o miles de nuevas sustancias que no sabéis qué efectos tienen ni cómo interactúan con otras a largo plazo —solo sabéis que os dan un rendimiento económico a corto plazo.

Nubes que ascendieron de las aguas del Caribe son abrazadas por vientos que soplan desde el oeste. Tras una semana penetran en el golfo de Vizcaya, cruzan el Bidasoa, pasan ante los círculos prehistóricos de piedras, *harrespilak*, del monte Okabe y descargan sobre el hayedo de Irati gotas de agua y de vida que hace unos días eran agua salobre en el Caribe.

El gato montés, el corzo, el quebrantahuesos, el buitre leonado, el lirón gris, el topillo rojo, la rana pirenaica y mutitud de otros seres observan la lluvia en silencio. La han visto llegar y la verán marcharse. Las gotas de lluvia se reúnen en las hojas de los árboles, bajan por las ramas y por el tronco, penetran en el subsuelo y llegan a la punta de las raíces, que toman agua y nutrientes según requiere el árbol.

Una parte de la lluvia se evapora y llena de humedad el aire del hayedo. Otra parte impregna el subsuelo. Otra desciende a mayor profundidad y permanecerá bajo tierra hasta que, mucho después, manará a través de una fuente. Y otra parte del agua caída se incorpora directamente a los arroyos.

A través del hayedo fluyen los ríos Blanco y Negro, Urtxuria y Urbeltza, y de su incesante encuentro nace el río Irati.

También estoy en el río. Siento la fuerza de mi caudal, el relieve de mi cauce, la textura de las rocas, la vegetación de las riberas, los lúdicos movimientos de mis truchas. Fluyo en espiral, de una ribera a la otra, de la superficie al fondo y del fondo a la superficie. En espiral, como todo lo vivo, hasta que me interrumpen vuestros embalses, como el de Irabia.

Bajo por el valle de Aezkoa y de nuevo mis aguas quedan empantanadas en Itoiz. Confluyo con el Urrobi, con el Erro y con el Salazar y entro en la Foz de Lumbier, bajo la mirada de alimoches y buitres leonados. Sigo valle abajo, hacia el sur, y confluyo con el río Aragón, y se nos suman otros afluentes, y entramos en un río mucho mayor, el Ebro, y cambiamos de rumbo, hacia el sudeste. El Mediterráneo nos llama.

Ahora nuestro ritmo es más lento. Se nos siguen sumando afluentes, cada uno con su propio carácter, su propio ritmo, sus propios sedimentos, su propio sabor. Por la izquierda bajan los que vienen del Pirineo, como el Gállego, aguas hasta hace poco impetuosas, bien oxigenadas. Por la derecha, los que vienen de la Meseta, como el Jalón, de cuenca más amplia y caudal más modesto. Atravieso una gran área urbana, Zaragoza, cuando anochece. Se nos unen aguas residuales, muchas de ellas tóxicas. Las puedo ir limpiando, hasta cierto punto, si me dejan fluir a mi aire, pero eso cada vez ocurre menos. Al día siguiente mis aguas quedan otra vez retenidas, embalsadas en Mequinença.

La inactividad me mata —mis aguas, como vuestras emociones, si no fluyen no se regeneran. Y cuando salgo de aquí me vuelven a empantanar, en Riba-roja. Tras un tiempo vuelvo a fluir, pero pronto siento el sabor amargo de los residuos de la industria química. Poco después, parte de mis aguas queda atrapada en la central nuclear de Ascó, sometida a trabajos forzados, bajo presión, produciendo residuos radiactivos que dejaréis como legado tóxico a las generaciones futuras. Mis aguas, que días antes fluían en un valle pirenaico, entre hayas, robles y abetos, ya no son las mismas, han perdido su pureza y su vigor.

Anochece en la Gran Barrera de Coral de Australia. Los pólipos del coral sienten la llegada de la noche y extienden sus tentáculos en busca de alimento. La Gran Barrera de

Coral está en gran parte enferma o moribunda a causa de la acidificación de las aguas oceánicas.

San Bernardo de Claraval sabía escucharme. Le encantaba contemplar en silencio junto a mis rocas y bosques. En una de sus cartas, resumió su experiencia:

«Cree a uno que lo ha probado: encontrarás más en los bosques que en los libros; los árboles y las piedras te enseñan lo que no puedes oír de los maestros.»

El agua mana de las fuentes a los arroyos, de los arroyos al río, valle abajo, fluyendo a un río mayor, y a otro río aún mayor, y a otro río mayor todavía, siempre valle abajo hasta llegar a la mar.

Todo lo vivo fluye como los ríos. Todo lo complejo se compone de ríos de ríos de vida.

La célula renueva continuamente sus moléculas. El organismo renueva continuamente sus células. También renuevan continuamente sus miembros las manadas de mamíferos, las bandadas de aves, los bancos de peces, los bosques, los ecosistemas y las sociedades. La vida reposa cambiando.

Organizo la naturaleza a través de la polaridad, tanto en los ritmos temporales como en la disposición espacial.

Días y noches, veranos e inviernos, primaveras y otoños, amaneceres y ocasos. Mares y montañas. *Yin* y *yang*. ¿Os habéis dado cuenta de que en el polo norte hay un océano rodeado de continentes y en el polo sur hay un continente rodeado de océanos?

Media mañana. Se derrite el glaciar de Kangerlussuaq, en la costa oriental de Groenlandia, ante la atenta mirada de un zorro ártico.

La enorme lengua de hielo reduce su extensión, se despega de la roca y se desliza hacia el mar de Islandia.

El hielo del Ártico se está derritiendo: en verano apenas quedan grandes extensiones de hielo continuo por las que puedan correr los zorros árticos, que en once semanas pueden viajar de Spitsbergen a Ellesmere, atravesando

Groenlandia. O los osos, que antes llegaban a desplazarse tres mil kilómetros en un mes. Los osos polares habitan un mundo que literalmente se deshace.

Las aguas del Ártico se calientan mucho más rápidamente que las de cualquier otro océano.

La polaridad entre frío y calor que necesito para mantener mis ritmos se va perdiendo. Eso afecta a las corrientes de aire que fluyen a distintas altitudes en la atmósfera. Mi favorita es la que llamáis corriente de chorro, que fluye a la altitud a la que vuelan vuestros aviones. La corriente de chorro alcanza las velocidades de vuestros coches de carreras y tiene tanta potencia que los aviones se dejan impulsar por ella si van en la misma dirección —y si van en dirección contraria la evitan, porque no podrían volar contra ella. Esta corriente atmosférica es una barrera natural entre el aire frío del norte y el aire caliente de las zonas templadas. Pero ahora fluye de manera cada vez más irregular, más dispersa y más débil.

Por eso el aire caliente penetra más en el Ártico y algunas tempestades árticas caen sobre América del Norte y Europa, paralizando vuestras ciudades y vuestros transportes.

Mi atmósfera también está viva. Tiene una composición de gases idónea para el desarrollo de la vida, y esa composición se mantiene a pesar de que contiene gases, como el oxígeno y el metano, que continuamente reaccionan entre sí. Desde tiempo inmemorial mantengo la composición de la atmósfera en un estado óptimo para el florecimiento de la vida. Pero vuestra codicia y vuestra ignorancia han hecho aumentar la concentración de gases de efecto invernadero por encima de lo que mis procesos vitales pueden regular con facilidad. Preparaos para grandes transformaciones en mi equilibrio dinámico.

Amanece en el delta del río Amazonas. Mil venas de agua *50-52° O* se cruzan y entrecruzan, reflejando los colores de la aurora.

La cuenca amazónica es la más extensa y caudalosa de mis redes fluviales. Apenas la entendéis.

Vuestro gran explorador naturalista, Alexander von Humboldt, navegó en 1800 el río Casiquiare para combrobar lo que ya sabían los indígenas. El Casiquiare lleva aguas del río Orinoco hacia el río Negro, uno de los grandes afluentes del Amazonas. Así, aguas que bajan desde las fuentes del Orinoco pueden llegar, a través del Casiquiare y del río Negro, a desembocar en el delta del Amazonas. El río más caudaloso y de mayor cuenca del mundo, el Amazonas, tiene sus aguas conectadas con otro de los más caudalosos, el Orinoco.

Pero la red fluvial amazónica no solo se extiende ampliamente sobre la superficie de la Tierra. En el siglo XXI os habéis dado cuenta de que bajo el curso del Amazonas, y con un recorrido similar, fluye el gran río subterráneo que llamáis Hamza. El Hamza nace también en los Andes y desemboca también en el Atlántico, en el fondo del océano, tras recorrer seis mil kilómetros. Transcurre a una profundidad de hasta cuatro mil metros por debajo de la superficie sobre la que camináis. Y tiene una amplitud mucho mayor que la del Amazonas, de entre doscientos y cuatrocientos kilómetros. No es que haya un túnel de esas dimensiones bajo tierra. En realidad, el Hamza fluye atravesando rocas sedimentarias, a una velocidad lentísima comparada con el fluir de su hermano de la superficie, el Amazonas. Pero fluye sin cesar, como todo río.

Con el Casiquiare visteis que la cuenca amazónica se extiende hacia el norte. Con el Hamza veis que también incluye un enorme volumen de agua fluyendo en las profundidades del subsuelo.

Llamáis Amazonas al río que nace de la confluencia del Ucayali y el Marañón, hijos de los Andes. Pero ya entonces sus aguas vienen de lejos. Cuando esos ríos se encuentran, entre uno y otro sus aguas llevan ya más de tres mil kilómetros recorridos. Solo aquí a estas aguas empezáis a llamarlas Amazonas.

A partir de entonces, el mayor de los ríos prosigue hacia el este a través de la selva, sintiendo la llamada del Atlántico, siempre lleno de vida. En sus aguas habitan miles de especies de peces. Y grandes mamíferos como la nutria gigante, el manatí del Amazonas y el delfín del Amazonas. Van incorporándose las aguas de otros grandes ríos: Putumayo, Juruá, Japurá, el río Negro (cuyas aguas prevalecen sobre las de su blanco afluente, el río Branco), Madeira, Tapajós, Xingú.

Al llegar al delta, frente al Atlántico, ante la gran isla de Marajó, las aguas del Amazonas encuentran las de otro gran río, el Tocantins, *tukan tin*, «pico del tucán» en lengua tupí. El tupí fue usado como *lingua franca* por varios pueblos indígenas y por los europeos. Como otros hijos de la selva, también se extinguió en tiempos recientes.

Los tucanes son aves especialmente juguetonas. Habréis visto alguna vez jugando a delfines, perros, gatos, monos, loros, periquitos. Juegan los elefantes y todos los mamíferos, juegan las aves, juegan reptiles como las tortugas y también saben jugar los peces.

Cuando sois pequeños, aprendéis jugando, y de mayores también aprendéis mejor cuando hay elementos lúdicos. Podéis tomaros un juego con la actitud más seria y esforzada, pero esa seriedad y esfuerzo flotan sobre un mar de libertad y espontaneidad. Como vosotros, buena parte de lo que los animales aprenden desde pequeños, lo aprenden jugando. Por fin os estáis dando cuenta de que los animales juegan por jugar, como vosotros. La vida es juego, es espontaneidad.

Se calienta el Atlántico, el aire de la selva amazónica se vuelve más seco y arde el humedal más impresionante de la Tierra, el Pantanal. Jaguares, tapires y osos hormigueros miran el fuego con terror, los tucanes y gucamayos huelen el humo y huyen por los aires, las nutrias gigantes se sumergen en las aguas.

Han desaparecido la mayor parte de los humedales que había en el mundo antes de la revolución industrial.

Como todo lo vivo, puedo autorregular mis constantes vitales. Hasta cierto punto, como es natural. Los golpes y las situaciones extremas pueden debilitarme y, como ocurre con todo ser vivo, pueden hacerme enfermar. Pueden hacerme morir. Soy mucho más grande y más resiliente que los organismos que habitan en mí, pero no soy invulnerable.

Sé lo que hago, más que vosotros, que a menudo os perdéis en los laberintos que habéis creado. Sé lo que hago, pero no puedo aguantarlo todo. Sé lo que hago, y haríais bien en escucharme. Aprenderíais más que de muchos de vuestros supuestos expertos, llenos de datos, faltos de criterio.

Amanece en la isla de Montserrat. El volcán de Soufrière *62° O* Hills sigue humeando. Desde que entró en actividad, han perdido gran parte de su hábitat la rana gigante del Caribe, el turpial de Montserrat y otras especies endémicas de la isla. También la población humana ha tenido que desplazarse, hacia el norte, donde todavía se puede vivir.

Mediodía en las cataratas Victoria, en África central, catedral de paredes de agua viva, en la que día y noche resuena una alabanza continua.

Observad como fluyen mis ríos. No son una suma de partículas, son una unidad dinámica de corrientes entrelazadas. Mucho antes de que el río llegue ante la catarata, las aguas aumentan su velocidad, porque forman un continuo con las que ya están en caída libre. El río entero vibra como una sola unidad. Así ocurre con todo lo que es orgánico y armónico.

Vuestro cuerpo es un río de ríos, de arterias y venas y capilares, de unidades dinámicas una y otra vez compuestas de otras unidades más pequeñas y más dinámicas. Vuestras células son ríos de moléculas que fluyen y se transforman de manera incesante. Y vuestros órganos y tejidos se renuevan una y otra vez, como el agua de los ríos.

Vuestras vidas también son ríos. En vuestra infancia sois pequeños arroyos que una piedra en el camino puede desviar. En vuestra juventud sois torrentes impetuosos, llenos de vida y de vigor, capaces de dar grandes saltos para salvar desniveles. En la madurez fluís con más calma, acumulando los sedimentos de la experiencia. Cuando el terreno lo permite, trazáis meandros, explorando el territorio a un lado y otro. Lleváis vida a las regiones que regáis. O lleváis residuos. O quedáis atrapados en pantanos. Pero si todo va bien, seguís fluyendo, unos con un curso más largo que otros, y confluís con otros grandes ríos antes de sumergiros en el océano que os vio nacer. Vuestras vidas son ríos, y también lo son vuestros cuerpos.

Sois ríos de ríos de vida. ¿Por qué no confiáis más en lo espontáneo y en lo vital?

Amanece a través de la selva amazónica. Millones de seres vegetales y animales van sintiendo la llegada del nuevo día, cada uno desde su mundo de sensaciones, cada uno a su manera. Centenares de comunidades indígenas que viven en sintonía con los ritmos de la selva celebran también el nuevo amanecer. *51-78° O*

La selva amazónica ha ido menguando en las últimas décadas, pero de su suelo todavía se elevan, enormes, más de trescientos mil millones de árboles, tres veces más que el número de neuronas de vuestro cerebro. Y los árboles de mis selvas son más complejos y están más profundamente conectados que las neuronas de vuestro cerebro. Cuando decís que vuestro cerebro es la estructura más compleja del universo, estáis ignorando mis selvas.

Entre los árboles amazónicos vuelan miles de especies de aves: millones y millones de seres alados, que van quedándose sin hábitat a medida que la deforestación avanza.

Las selvas tropicales son los ecosistemas con mayor biodiversidad, son uno de mis principales órganos vitales. Pero cada año estáis destruyendo una superficie de selva tropical mayor que Irlanda, Córcega y Cerdeña juntas.

Cada año, sobre todo en la Amazonia (donde la ganadería industrial avanza esquilmando) y en el sudeste de Asia (donde orangutanes y miles de otras especies pierden su hogar para que tengáis aceite de palma). Las selvas, océanos de fertilidad y biodiversidad, sinfonías de innumerables formas de ser y de sentir, son explotadas hasta que se tornan estériles desiertos.

Cada ser es una red de relaciones con multitud de otros seres. La realidad no está hecha de cosas ni de cifras, está hecha de relaciones y de experiencias.

Creéis que solo es importante lo que puede explicarse con números, cifras, datos. Pero son solo sombras de los seres reales, siempre cualitativos, vivos, relacionales.

Desplegáis redes de sombras, pero en ellas no podéis atrapar la luz. Al contrario, vais quedando atrapados en vuestras mismas redes.

Mediodía en la cuenca del río Congo, o Kôngo. Bajo las aguas, nadan en la luz mil especies de peces, muchas de las cuales ni siquiera conocéis.

No todos sois iguales, muchos me entendéis. La mayoría de pueblos indígenas habitaban en un universo de múltiples parentescos con otros seres. Pedían permiso y perdón al animal antes de cazarlo, al árbol antes de talarlo. Los pueblos indígenas que habéis conocido no vivían en el paraíso, tenían sus conflictos y sus problemas. Pero todavía mantenían cierta actitud de respeto, responsabilidad y celebración. Por eso podían custodiar sus tierras mejor que vosotros. No tenían vuestras explicaciones científicas, pero en lo relativo a su entorno tenían conocimientos más prácticos, más completos y a menudo más profundos. Vosotros siempre acabáis reduciendo la biodiversidad que os rodea, ellos a menudo creaban condiciones para que la biodiversidad aumentara.

Amanece lloviendo en la cordillera de Vilcanota, en la zona sudoriental de los Andes peruanos. *71° O*

Las gotas de lluvia que caen en la vertiente oeste de la cordillera, todavía poco iluminada, formarán el río Vilcanota. El Vilcanota luego pasa a llamarse Urubamba y riega el valle bajo las alturas de Machu Picchu. Y esas aguas, que descienden hacia el norte, pasan más tarde a llamarse Ucayali, y finalmente Amazonas.

Otras gotas de lluvia caen en la vertiente este de la cordillera de Vilcanota, y confluyen en el río Alto Madre de Dios, que más tarde pasa a llamarse Bajo Madre de Dios. El río Madre de Dios va atravesando selva y más selva, se une a otros ríos y acaba llamándose Madeira. Esas aguas finalmente desembocan en el curso bajo del Amazonas, más de dos mil setecientos kilómetros después de haber caído como lluvia en el lado oriental de la cordillera de Vilcanota. Allí, en la confluencia entre el Madeira y el Amazonas, se reúnen con aguas llovidas en el lado occidental de la cordillera, que han trazado un arco inmenso, casi el doble de largo.

Las aguas danzan y se entrecruzan sin cesar, en la tierra y en los océanos.

¿No sentís una fuerza viva en el agua que fluye en libertad?

73° O   Amanece en el nacimiento del río Ene, en la confluencia del Apurímac y el Mantaro. Planea un cóndor, observando el mundo.

Las fuentes más remotas del Amazonas se encuentran río arriba del Apurímac y del Mantaro, en los Andes peruanos, no lejos del océano Pacífico.

Una de esas fuentes es una lengua glaciar bajo el pico Mismi. Las aguas que de ella se derriten bajan por el arroyo Carhuasanta y acaban formando el río Apurímac —en quechua, divinidad (*apu*) parlante (*rimac*). Así, el Amazonas es hijo de una divinidad parlante. Otra fuente remota del Amazonas es el lago Junín, del que mana el río Mantaro. El Mantaro es más largo que el Apurímac, pero una presa hace que el curso alto del Mantaro quede seco varios meses al año.

Amanece en la cima del Chimborazo, el majestuoso vol- *78° O*
cán los Andes ecuatorianos.

Cuando Alexander von Humboldt ascendió al Chimborazo a principios del siglo XIX, tanto él como sus con-
temporáneos creían que era la montaña más elevada de la
Tierra. Y, aunque os sorprenda, tenían razón.

La cumbre que el Imperio británico bautizó como
Everest es la más alta del mundo —en relación con el
nivel medio del mar en su correspondiente latitud. Pero
el nivel medio del mar es mucho más alto en el ecuador
que en las latitudes templadas. En relación con el centro
de la Tierra, la superficie de mis aguas está unos cinco
kilómetros más elevada en el Pacífico ecuatorial que en
el mar de la China Oriental, en la latitud del Everest. Por
ello, muchas cimas de climas tropicales se elevan más
desde el centro de la Tierra que las más altas cimas del
Himalaya.

73

Hace pocos años comprobasteis que el Chimborazo es más de dos mil metros más alto que el Everest, si medís desde el centro de la Tierra. Su cumbre es el punto de la Tierra que está más cerca de la Luna y del Sol. Más alejados del centro de la Tierra que el Everest se hallan también más de dos docenas de picos de los Andes, cuyos nombres quizás ni conocéis: Huascarán Sur, Huascarán Norte, Yerupajá, Cotopaxi, Huandoy, Cayambe, Antisana, Alpamayo, Salcantay, Coropuna, Janq'u Uma, Illampu, Illimani, Chachakumani, Wallqa Wallqa, Huayna Potosí, Chachani, Parinaqut, Pomerape... También más alto que el Everest asciende el Kilimanjaro, en África ecuatorial.

79° O Amanece en los Jardines de la Reina, hermosos arrecifes de coral al sur de Cuba, amenazados por el calentamiento de las aguas, la contaminación y la sobrepesca.

La mitad de los arrecifes de coral que había hace siglo y medio han desaparecido.

Llevasteis a la extinción a la foca monje del Caribe, al mono jamaicano, al mono de La Española.

Mediodía en el delta del Níger.

Miles y miles de vertidos de petróleo han contaminado el delta del Níger en las últimas décadas. Las protestas de los habitantes del delta poco han conseguido ante la codicia y la corrupción de los poderosos.

Desde hace tiempo, vuestra política y vuestra economía están impregnadas de delirio. Por ejemplo, el delirio de creer que el crecimiento económico siempre significa avance y progreso. O el delirio de creer que el crecimiento infinito es posible en una Tierra finita. Pero las creencias que no se sostienen acaban cayendo.

El colapso se cierne sobre vosotros. Y en primer lugar se trata (más que de un colapso climático, ecológico o energético) de una pérdida de orientación, de un colapso cognitivo, que es la puerta a todos los desastres.

La fragmentación de vuestro conocimiento especializado es un reflejo de la fragmentación de vuestro ser, de vuestra experiencia, de vuestra conciencia.

Perdéis el sentido del asombro, y caéis en una existencia absurda, cada vez más necesitada de aceleración y de distracciones intensas. Perdéis el sentido de la proporción y del conjunto. Perdéis el sentido común y hasta el sentido de la verdad. Creéis que la belleza es lo que os place; la bondad, lo que os apetece; la verdad, lo que os conviene.

Creéis que todo vale, y que como nada es verdadero, todo está permitido.

Habéis dejado que medren fuerzas que se dedican a distraeros y a desorientaros. Cuidad de vuestro discernimiento y de la calidad de vuestra atención.

Mediodía en el delta del Ródano. Una alondra bate sus alas, alegremente, en el aire nítido y cálido.

Vuestros antiguos poetas sabían celebrar la vida a través de la alegría de los pájaros. Bernart de Ventadorn cantaba como la alondra, maravillada ante la luz del día, se olvida de sí misma por la dulzura que le llega al corazón y se deja caer a través del aire: «Can vei la lauzeta mover | de joi sas alas contra'l rai, | que s'oblid' e·s laissa chazer | per la doussor c'al cor li vai...». También Dante sitúa en su *Paradiso* a una jubilosa alondra: «allodetta... contenta de l'ultima dolcezza».

A lo largo de los tiempos, las personas despiertas percibieron un gozo primordial en el canto de los pájaros y una sutil belleza en sus movimientos. Percibían directamente el prodigio de la vida.

87° O Amanece en Tulum, en la costa del Yucatán. El sol baña las piedras de las ruinas mayas. El nombre original de la ciudad era Zamá, que en maya significa «amanecer».

Ante la costa, nadan los manatíes.

Un día más, una parte de las aguas del Caribe se eleva, invisible, en forma de vapor, para luego ser nube.

El océano siembra semillas de nubes. Las nubes se forman a partir de pequeñas partículas (núcleos de condensación) alrededor de las cuales se condensa el vapor de agua. La mayoría esos núcleos de condensación se forman sobre los océanos a partir de partículas de sulfuro de dimetilo, que produce el típico olor que asociáis con el mar y es generado por mis algas planctónicas, como los cocolitóforos.

Sin nubes no hay agua.
Sin agua no hay vida.
Sin vida no hay nubes.

En el golfo de Bengala, anochece en el inmenso delta del Ganges (el Gaṅgā, también llamado Padma o Pôdda cerca de su desembocadura).

En el Mediterráneo occidental, es mediodía en el delta del Ebro (el Ebre, el Ibēr de los antiguos griegos, que da nombre a los íberos y a la península Ibérica).

Amanece en el delta del Mississippi (Misi-ziibi, Mihsi-siipiiwi, Mníšošethąka, Ma'xeé'omet͞a͞a'e), ante el contaminado golfo de México.

Debido a la contaminación, en muchas zonas marinas me falta oxígeno y mi vida decae cada vez más. Las llamáis «zonas muertas», como las del golfo de México y el golfo de Omán. Ocupan ya una superficie como la de Gran Bretaña, y desde hace décadas no dejan de crecer.

Cada año vertéis a los océanos cientos de millones de toneladas de residuos: metales pesados, disolventes, lodos de procesos industriales y otros productos tóxicos.

Anochece alrededor de la cima del Stok Kangri, en el Himalaya, cerca del curso alto del Indo. Un leopardo de las nieves camina sigilosamente tras un carnero azul.

Todo lo que llamáis «realidad» está hecho de experiencia. Vuestra experiencia incluye, por supuesto, lo que os dice el mundo a través de otras personas o de otros seres sintientes. Toda vuestra experiencia de la materia empieza siendo, en primer lugar, experiencia —es decir, conciencia. Toda percepción de algo sólido es ante todo percepción —es decir, conciencia.

Amanece en el cinturón transvolcánico mexicano de bosques de pino y roble. Las mariposas monarca inician su
migración hacia el norte. Sus descendientes regresarán,
tras varias generaciones, pasado el verano. ¿Qué inteligencia guía a estas mariposas a lo largo de su recorrido?

Cientos de millones de mariposas monarca migraban
a través de América del Norte hasta hace pocas décadas.
Quedan cada vez menos.

Se extinguió el oso mexicano, el oso californiano, el ja-
guar de Arizona.

Una mariquita explora una hoja. Una abeja busca polen.
Millones de especies de insectos me ayudan a mantener
el equilibrio de la biosfera, reciclan nutrientes, polinizan
plantas. ¿Qué inteligencia guía a cada especie?

Hoy muchos insectos, como las abejas, se hallan amenazados debido a los contaminantes orgánicos persisten-
tes, la destrucción de hábitats y las radiaciones electromagnéticas. Las nuevas radiaciones electromagnéticas
que emitís también afectan a pájaros y ballenas. Cuanto
más os dejáis llevar por espejismos tecnológicos como lo
que llamáis 5G, más os alejáis de la vida y más daño hacéis
a los organismos y al equilibrio de mis ciclos vitales.

Amanece en el valle de Yellowstone. La reintrodución del lobo en Yellowstone ha permitido que se reequilibren las poblaciones de mamíferos, que crezcan los bosques, que regresen los castores y que incluso se regenere el curso de los ríos.

Cada vez disponéis de más cosas y más novedades. ¿Hacen que vuestra vida sea más plena, más sabia o más feliz? ¿No veis que os estáis destruyendo a vosotros mismos y a la vez destruyendo lo que os rodea? Hay poderes más altos que vosotros, pero poco pueden hacer si no cambiáis vuestra actitud.

No sois la cúspide, pero sí sois microcosmos, reflejos únicos del universo. Sois puentes entre la materia y la conciencia, entre lo tangible y lo intangible. Mucho depende de lo que hacéis, pensáis y sentís. Cada uno de vuestros pasos y cada una de vuestras palabras reverberan en el conjunto de la realidad.

Amanece sobre Pando, el bosque que descubristeis que es *111º O* un solo árbol.

Pando es un álamo temblón, en las estribaciones de las Montañas Rocosas, que se os muestra como un enorme bosque con decenas de miles de troncos distintos. Pero esos troncos están conectados y son genéticamente idénticos. Pando es un único ser, un único árbol, un único álamo, con decenas de miles de años de antigüedad y millones de kilos de peso.

Todo está conectado. ¿Creéis que los organismos tienen fronteras, como vuestros estados? Ningún ser vivo es una isla. Los organismos nunca existen de manera aislada, todos tienen una existencia entrelazada, todos son aspectos de las dinámicas de mi cuerpo.

Todos los organismos sois comunidades simbióticas. En vuestra palabra *simbiosis* resuenan dos vocablos griegos que significan «vida en común». ¿Existe una vida que no sea en común, que no dependa de múltiples relaciones con otras formas de vida? No hay vida sin ecosistemas de relaciones que le den sostén, aliento y alimento.

Amanece en la costa occidental de la isla Melville, o Ilul- *117º O* liq, en el inmenso archipiélago ártico canadiense. Osos polares, caribús, bueyes almizcleros y lobos polares sienten cómo se alargan los días.

124° O Amanece en la remota isla Ducie, atolón coralino en el Pacífico sudoriental. Contempla el día una pareja de aves del trópico de cola roja.

Los atolones son islas cuyo territorio es todo vida. Su estructura está formada de coral y otros invertebrados. Son anillos de vida y de belleza, con una laguna interior rodeada de vegetación. Sostienen una enorme biodiversidad de organismos acuáticos y de aves.

137° O Amanece en el atolón de Pukarua, en el archipiélago polinesio de Tuamotu.

138° O Amanece en el atolón de Fangataufa.
138° O   Amanece en el atolón de Mururoa.
      Cerca de doscientas explosiones atómicas fueron detonadas en los atolones coralinos de Fangataufa y Mururoa.

Anochece en el mar de Galilea. Una garza blanca sobrevuela las aguas en que se multiplican los peces.

Mirad la vida de mis criaturas. Vuestra confusión os hace destruir todo tipo de ecosistemas, y lleva a que cada día se extingan especies animales y vegetales, muchas de las cuales no habéis llegado a conocer. Estáis alterando mis ritmos vitales: la sinfonía del clima, los ciclos de mis nutrientes, la composición de la atmósfera, de las aguas y de los suelos.

Lleváis muchos siglos progresando claramente en las cosas materiales. Sin embargo, en lo que verdaderamente importa, ¿habéis progresado? ¿No os sentís cada vez más desorientados e incomprendidos? ¿No os parece vuestra vida vacía de sentido? ¿No crecen las depresiones, las adicciones y otras enfermedades del alma? ¿Y no crecen también las enfermedades neurológicas y autoinmunes?

El progreso es un ídolo porque lo que promete no puede brindarlo. Es también el engaño que os hizo creer que no estoy viva.

Amanece en el gran atolón de Rangiroa o Te Kokōta. *147º O*

Creísteis que el progreso consistía en vivir entre artilugios eléctricos y distracciones digitales. Creasteis ambientes aislados de mis ritmos, de mi latido. Os fuisteis retrayendo del mundo, cayendo en una caverna como la de Platón, en versión moderna: las sombras son ahora las pantallas relucientes que os seducen con sonidos e imágenes. En vez de salir de la caverna, excaváis otra caverna en ella. Lo digital no es lo más real, es una sombra de sombras.

Anochece en las montañas de Virunga, en África central. Una de las últimas gorilas de montaña, sentada junto a su cría, se prepara para dormir y soñar.

En los últimos siglos, habéis llevado a la extinción al oso del Atlas, a la gacela roja, a la gacela arábiga, a la gacela de la Reina de Saba, al ciervo de Schomburgk, al hipótrago azul, al serval sudafricano, al león del Cabo, al leopardo de Zanzíbar. Y, hace pocos años, al rinoceronte negro del África occidental.

Desde que empezasteis la época de las colonizaciones, habéis llevado a la extinción a cientos de especies de vertebrados, cientos de formas de ser y de sentir. En medio siglo, habéis doblado la población humana —y habéis reducido a la mitad el número total de animales que vivían en la biosfera.

151° O Amanece en la confluencia de los ríos Yukon y Tanana, en Alaska. Los salmones remontan río arriba, salvando todo tipo de obstáculos, para llegar al arroyo que los vio nacer y dar a luz allí a una nueva generación. En cada confluencia entre dos ríos saben siempre qué ruta han de seguir.

¿Qué inteligencia les va guiando bajo el agua?

«Sila ersinasinivdluge», «No tengas miedo del universo», dijo el chamán inuit Najagneq al explorador Knud Rasmussen. Eso mismo os dice a cada momento el latido de la vida.

¿Habéis observado que cuanto más avanza la ciencia, más crece lo que no podéis explicar? Cada nueva respuesta origina una nueva pregunta —o varias. Cuanto más se expande la tierra firme del conocimiento, más crece a vuestro alrededor el océano de lo asombroso.

¿Recordáis aquellas antiguas imágenes en las que la Tierra se sostenía sobre cuatro enormes elefantes, que a su vez se sostenían sobre una tortuga? Os habréis preguntado sobre qué se sostenía entonces la tortuga. Con las explicaciones científicas acaba ocurriendo lo mismo: si la explicación de α_0 es α_1, ¿cómo explicáis α_1? Si explicáis α_1 a través de α_2, entonces ¿cómo explicáis α_2? Si es a causa de α_3, ¿cómo explicáis α_3? Y así sucesivamente. No hay forma de encontrar una explicación última.

Siempre podéis seguir preguntando «¿por qué?», como saben todos los niños y niñas y todas las mentes jóvenes. Mientras las mentes son jóvenes, se preguntan el porqué de las cosas. Cuando las mentes dejan de ser jóvenes, se contentan con las explicaciones que dan la televisión, la prensa, las autoridades o quienes repiten lo que dicen la televisión, la prensa y las autoridades. Preguntar «¿por qué?» es muy sano. Os ayuda a manteneros jóvenes.

Cuando vuestra cultura occidental era joven, Platón y Aristóteles explicaban que toda filosofía y lo que ahora llamáis «ciencia» nacían del asombro ante el mundo. Si queréis aprender a vivir plenamente, recuperad el asombro.

155° O   Amanece en la cima del Mauna Kea, en Hawai'i —la montaña del mundo que más se alza desde su base en el fondo oceánico. Una de las últimas parejas de 'ua'u (el petrel hawaiano) vuela en busca de alimento para su polluelo.

156° O   Una tortuga verde nada frente a la costa oriental de la isla de Maui. Amanece. Docenas de especies de árboles del pan sienten la llegada del día.

156° O   Amanece en el nordeste de la isla de Moloka'i. Sobre los inmensos acantilados, la luz resplandece en las rojas flores de los ōhi'a lehua.

156° O   Amanece en la isla de Lana'i.

157° O   Amanece en la isla de O'ahu.

Amanece en la costa de Nā Pali, en el noroeste de la isla *159° O* de Kauaʻi. Una foca monje contempla el día en la playa de Honopū.

Desde la llegada de los colonizadores europeos, se han extinguido docenas de aves en Hawaiʻi.

Adiós al āmaui, adiós al kioea, adiós al al ʻōʻō de Kauaʻi, al ʻōʻō de Oʻahu, al ʻōʻō de Molokaʻi y al ʻōʻō de Hawaiʻi, adiós al pinzón koa mayor y al pinzón koa menor, adiós al mamo y al mamo negro, adiós a la akialoa de Kauaʻi, a la akialoa de Lanaʻi, a la akialoa de Oʻahu y a la akialoa de Hawaiʻi, adiós a la polluela hawaiana y la polluela de Laysan, adiós al solitario kāmaʻo, a la certiola kona, al drepano de Lanaʻi, al mielerito de Laysan, al kākāwahie, a la akepa de Oʻahu y al nukupuʻu de Oʻahu, adiós al mielero ʻula-ʻai-hāwane.

Del poʻo-uli ya no hay rastro desde 2004.

Amanece en la isla volcánica de Rarotonga. Vuela un kakerori o pájaro monarca de Rarotonga.

La física cuántica os enseñó que no tiene sentido hablar de un fenómeno sin observador. ¿Puede existir, fuera de vuestra imaginación, un mundo que solo consista en materia y energía? ¿Puede la materia existir por su cuenta, sin que exista la conciencia, sin un observador?

Parecéis creer que la conciencia no es parte del universo, como si por un lado existiera el conjunto de la realidad (el universo) y por otro existiera la conciencia que observa esa realidad. Como si la conciencia fuese solo una ilusión y no existiese realmente. En vuestras teorías sobre el origen del universo, la conciencia no aparece por ninguna parte. ¿Dónde podría estar la conciencia sino en el universo, formando parte de él desde siempre? ¿Cómo podríais pensar si la conciencia no estuviese ya ahí, antes de cada pregunta y de cada palabra?

¿El sentir, percibir, recordar, anticipar, soñar, creéis que son combinaciones de electrones, protones y neutrones? ¿Cómo podría la mente ubicarse en el cerebro, en la cabeza o en el cuerpo? ¿Cómo podría haber surgido la conciencia a partir de la simple materia?

¿La conciencia surgió del tiempo y el espacio, o el tiempo y el espacio surgieron de la conciencia?

Amanece en el atolón de Manihiki.   *161° O*

La base de la realidad no es la materia, sino la conciencia. Lo intangible precede a lo tangible.

Os creéis el relato de la creación más absurdo. Vuestros antiguos relatos mitológicos eran juegos de imágenes, no se trataba de tomárselos al pie de la letra. Ahora, en cambio, estáis seguros de cómo empezó exactamente el mundo: un puntito minúsculo de materia-energía comenzó a expandirse inexplicablemente —violando las leyes de la física que habíais establecido. Es lo que en inglés llaman *big bang*, que en esta lengua hay que traducir como «gran pum». Según vuestra visión actual del mundo, se supone que un día, a partir de esa materia-energía, apareció (nadie sabe cómo) la vida biológica. Y otro día, de esa vida biológica apareció (nadie puede explicar cómo) la conciencia desde la cual pensáis.

El gran pum no es una observación, es el resultado de una serie de suposiciones. Si os lo creéis, haceos algunas preguntas sencillas. ¿Qué había antes del gran pum? ¿Qué sentido tiene que de repente aparezca el tiempo?

¿Qué sentido tiene que algo surja de la nada? ¿Qué sentido tiene imaginar que el conjunto del universo se expande, si nada hay fuera de él? Es absurdo imaginar que hay espacio fuera del universo. ¿Dónde pues iba a expandirse?

165° O Amanece en el atolón de Te Ulu-o-Te-Watu o Pukapuka.

Todo lo vivo respira. El oxígeno que ahora inspiras ha pasado, desde tiempo inmemorial, por multitud de otros organismos. Todos mis elementos se reciclan una y otra vez, con una eficiencia que vuestras tecnologías nunca conseguirán.

Vuestra vida perdura mientras se mantiene vuestra respiración: tomáis aire por primera vez al salir de vuestra madre, y exhaláis vuestro último aliento antes de que vuestro cuerpo regrese a la tierra y vuestra alma regrese a la luz. En muchas de vuestras lenguas antiguas había una misma palabra para aire, viento y espíritu: *ruaḥ* en hebreo, *pneuma* en griego, *spiritus* en latín.

Medianoche en la entrada de las cuevas de Longxu, Fumin, Heshang, Xiyou, Xiaogou y Xiao-dong, en la región de Yunnan. Miles de murciélagos de herradura buscan su alimento, sintiendo las formas y movimientos a través de la oscuridad.

Los murciélagos emiten sonidos de alta frecuencia y se orientan a partir de los ecos que les llegan de vuelta (como vuestros sistemas de radar, pero con mucha mayor sofisticación). Perciben un mundo muy distinto del vuestro.

Cada ser tiene su propio mundo, pero todos esos mundos están coordinados, se reflejan mutuamente.

¿Cómo es, desde dentro, el mundo de un murciélago?

Os contaron que el coronavirus que apareció en Wuhan procedía de los murciélagos de las cuevas de Yunnan. Es cierto que mis murciélagos de herradura albergan coronavirus. Ahora bien, Wuhan y Yunnan pueden estar próximos en la fonética de sus nombres, pero son muy distantes en la geografía. Los murciélagos de herradura no se alejan nunca más de cincuenta kilómetros de sus cuevas. En cambio, en Wuhan hay un instituto de virología que entre otras cosas se dedicaba a manipular coronavirus. Si buscáis responsables, buscad entre vosotros.

Amanece en el atolón coralino de Maro, mayormente sumergido. *170° O*

Un organismo sano es una comunidad que integra millones de microorganismos beneficiosos. Vuestro cuerpo no solo está formado de células humanas. También albergáis una multitud de bacterias, hongos, virus y otros microorganismos que forman parte de vosotros. Se transforman con los alimentos que ingerís, con el aire que respiráis y con el tono de las emociones que anidan en vuestro corazón.

En todo cuerpo humano sano hay decenas de billones de bacterias, en su mayoría benéficas (os ayudan, entre otras cosas, a digerir los alimentos). Y en todo cuerpo sano hay un conjunto todavía mayor de virus (viroma), la mayoría de los cuales no hacen ningún daño. Ayudan a mantener el equilibrio de las bacterias que cohabitan con vosotros. Los virus son seres dinámicos con un ciclo de varias fases, que se manifiestan de maneras diversas según el medio y el contexto.

Descubristeis las bacterias y los virus en contextos de enfermedad. Pero cuanto más avanza vuestra ciencia, más comprendéis que están presentes, benéficamente, en muchas funciones de la biosfera y de todo organismo sano. Los virus son parte de mi metabolismo, son parte de la red de la vida. Sin duda, tenéis que protegeros de los patógenos. Pero no todo lo invisible es patógeno.

Anochece en la península de Chastè, a orillas del lago de Segl, en la Alta Engadina, el valle habitado más alto de los Alpes y de Europa.

El lago de Segl (Sils en alemán) es nutrido por aguas que manan cerca del pico Lunghin y cruzan el valle de la Alta Engadina, a más de mil ochocientos metros sobre el nivel del mar. Esas aguas constituyen el río que en lengua retorrománica se llama En (Inn en alemán) y que da nombre a la región, la Engadina. Atraviesan un surtido de majestuosos lagos alpinos: Segl, Silvaplauna, Champfèr, San Murexxan, descienden a la Baja Engadina, atraviesan el Tirol y acaban confluyendo con un río de menor caudal y nacido a mucha menor altura, al que llamáis Danubio.

El curso fluvial más emblemático de Europa tiene su nacimiento más hermoso, más elevado y más caudaloso en la Alta Engadina.

Amanece en el atolón de Nukunonu.   *171º O*

La alienación de vuestra conciencia os lleva a ansiar control y certeza y a creer que todo en el mundo se puede entender como si se tratara de una máquina.

Por eso os pueden engañar con fantasías de inmortalidad basadas en digitalizar vuestra mente y congelar vuestro cuerpo. ¿Os habéis creído que la mente se puede reducir a dígitos?

Y esa inmortalidad, ¿para qué es? No la queréis para hacer nada en particular, sino para seguir escapando de vuestra angustia existencial. De vuestro miedo a la muerte. Pero ese miedo a la muerte viene precisamente de que estáis alienados de la vida.

¿La mente es parte del cuerpo o, como explicaba el maestro Eckhart, el cuerpo es parte de la mente?

A partir de 2020, la tecnocracia dio un golpe de efecto y aceleró la sustitución de lo natural por lo artificial. Respirar de manera natural el aire fresco llegó a estar mal visto. Hay un virus, os dijeron, y por supuesto que lo había, pero entre personas sanas no deberíais haber tenido miedo de respirar y de acercaros. Las mascarillas que os impusieron servían, ante todo, para aumentar la alienación.

En ninguna de mis criaturas encontraréis una superficie tan prodigiosamente expresiva como el rostro humano.

¿No visteis que al ocultar una parte de vuestro rostro se eclipsaba una parte de vuestra humanidad?

Amanece en el atolón de coral de Funafuti. *179° O*

La verdadera inteligencia no es cálculo. Lo que llamáis «inteligencia artificial» no es más que cálculo mecánico, tan rápido que a veces os deslumbra y os hace creer a quienes dicen que eso es verdadera inteligencia. No les creáis, son engañadores, enemigos de la naturaleza humana que quieren degradaros a un nivel más bajo que las máquinas.

Mediodía en la remota isla de Devon, en el archipiélago ártico canadiense. Un lemming siente una presencia extraña y se esconde entre las piedras.

Devon es la mayor isla que ha estado libre de vuestra presencia de manera continuada. Vuestros científicos dicen que se parece a la superficie de Marte. Y algunos de ellos, disfrazados de astronautas, vienen a simular que están allí, lejos de mí.

Los humanos sois las únicas criaturas de la Tierra que os podéis sentir separados de ella, las únicas que podéis concebir fantasías como viajar a Marte, las únicas que os podéis plantear el mayor destierro: alejaros de la Tierra.

¿Para qué ir a Marte, por qué os atrae ese infierno? Sabéis, o deberíais saber, que lo que llamáis «conquista del espacio» es, en el fondo, una fantasía irrealizable. Sería más fructífero dedicaros a descubrir vuestro espacio interior, aprender a manejar el timón de la mente y de las emociones, explorar el océano de la lucidez, la ecuanimidad y la plena presencia. Las fantasías espaciales sostienen el sueño y señuelo del progreso, que os seduce y desorienta.

Quieren que creáis que no sois más que robots, mera materia digitalmente organizada. Os dirán que vuestro cuerpo es *hardware* y vuestra mente es *software*, querrán convenceros de que sois máquinas para así manipularos más fácilmente, intentarán fundir y confundir lo digital y lo biológico. «Transhumanistas», se llaman a sí mismos quienes os prometen lo más alto para hundiros en lo más bajo. Lleváis tiempo cayendo en una vida cada vez más automatizada y deshumanizada. Cuando empezó la automatización, no era sinónimo de deshumanización, pero ahora lo es cada vez más. Es como si una fuerza sutil estuviera empeñada en corromper la naturaleza humana y toda la naturaleza.

Anochece en la sierra de la Albera, primera elevación del Pirineo tras emerger del Mediterráneo. Un búho real, con sus grandes ojos naranja, observa detalles en la lejanía.

El bucardo, una hermosa cabra montés pirenaica, se extinguió hace pocos años, como antes se había extinguido la cabra montés lusitana.

Amanece en el monte Taranaki, en la isla del Norte de Nueva Zelanda, ante el mar de Tasmania. *174° E*

Los maoríes, los primeros pobladores de Nueva Zelanda, consiguieron que el gobierno declarara «persona jurídica» al gran monte Taranaki. Para ellos, todos los seres, también las montañas y los ríos, son personas que descienden de Papatūānuku, la Madre Tierra, y Ranginui, el Padre Cielo.

Los maoríes sienten que su territorio es una gran familia en la que tienen parientes directos. A veces, para presentarse, antes de decir su nombre dicen la montaña y el río con los que están más vinculados.

166° E   Amanece en el atolón de Rongelap. La nueva luz baña las palmeras, las aguas y la arena.

165° E   Amanece en el atolón de Bikini.

Bajo las aguas, sobre la superficie y en los cielos del atolón coralino de Bikini habéis hecho detonar casi dos docenas de explosiones nucleares.

Vuestra cultura contemporánea es un ejercicio de disonancia cognitiva.

159° E   Amanece en la costa oriental de la península de Kamchatka, uno de los extremos de Siberia, ante el mar de Bering. Un cachalote nada bajo las aguas.
Cazasteis la vaca marina de Steller hasta su extinción.

Amanece en el atolón de Nukuoro.

¿Os dais cuenta de que os va envolviendo una red de codicia, corrupción y control? La misma red, a veces con otros medios, hace tiempo que se cierne sobre mí. No puedo detenerla sin vuestra colaboración.

La corrupción (colapso ético, colapso de la virtud) llevaba tiempo impregnando todo tipo de instituciones y organizaciones, políticas, económicas y mediáticas. A partir de 2020, mientras vosotros os acostumbrabais a usar máscaras, la corrupción empezó a quitarse la suya.

Amanece en el atolón de Pulap.

¿Es todavía posible detener la codicia y la corrupción? Para ello hay que ir a la raíz de ambas, que es la confusión, la inconsciencia, la ignorancia. No la ignorancia de no saber recitar cifras y datos, sino la ignorancia de no querer ver las cosas como son. Y, yendo a mayor profundidad, la ignorancia de no saber quiénes sois.

144°E　Amanece en los humedales de la isla de Hokkaido. Las grullas de corona roja sienten la llegada de la primavera y se preparan para la migración.

Se extinguió el león marino del Japón, el lobo japonés, el lobo de Hokkaido.

144°E　Amanece en el golfo de Papúa, en el mar de Coral. Despiertan diez mil especies de plantas y dos mil especies de aves, anfibios, reptiles, mamíferos y peces de agua dulce. En la isla de Nueva Guinea, con el amanecer también se levantan voces en ochocientos ancestrales idiomas humanos. La biodiversidad y la diversidad de lenguas autóctonas son hijas de la misma plenitud vital. Y ambas se encuentran hoy amenazadas.

¿Os habéis preguntado de dónde vienen las palabras? Si habláis una sola lengua, disponéis de unas veinte mil palabras. Pero en la India, en África y en otros lugares hay muchas personas que hablan con facilidad media docena de idiomas, a veces más. La mayoría de personas, en cualquier caso, tenéis a vuestra disposición decenas de miles de palabras distintas. Y cuando habláis, en condiciones normales, todas aparecen en el momento justo, perfectamente conjugadas y dispuestas.

¿Creéis que esas decenas de miles de palabras están almanenadas en el cerebro y se organizan por medios electroquímicos? Si pensáis en ello, veréis que es absurdo. Fijaos en cuando habláis o pensáis. ¿No sentís que las palabras fluyen a través de vuestra voz?

Amanece en el atolón de Ulithi.   *139° E*

¿No veis la fragilidad de vuestros sistemas tecnológicos? Si os quedáis durante un tiempo sin electricidad, estáis perdidos.

Una parte cada vez mayor de lo que sostiene vuestras vidas depende de la electricidad y de la conexión a internet. Pero el suministro ininterrupido de electricidad, al que tan fácilmente os habéis acostumbrado, no está garantizado por muchos años más. El sistema energético tiene sus límites. Los apagones se irán volviendo más frecuentes. Y entonces muchos de vosotros, que tan alto habíais llegado quemando petróleo y acumulando tecnologías, seréis los pobres más pobres que jamás haya habido. Más pobres porque el señuelo del progreso os ha vuelto más frágiles.

Cuando el hermano Sol vuelva a enviar grandes erupciones solares o eyecciones de masa coronal en nuestra dirección, la inmensa mayoría de mis criaturas no tendrá problemas. Pero vuestro sistema tecnológico, tan sofisticado y tan frágil, está llamado a colapsar de manera abrupta e irreversible. Alejaos de las ciudades y del exceso de tecnología.

Es medianoche en la costa occidental de Madagascar. Los lémures de orejas ahorquilladas comen néctar, savia, flores e insectos e inundan el bosque con su melodía de gritos agudos. En las aguas, la vida marina responde a los ciclos de la luna. Las ostras sienten la luna nueva y abren al máximo sus conchas.

Se extinguieron el paquilémur, el lémur gigante de Edwards y el hipopótamo enano de Madagascar.

133º E Amanece en el extremo suroriental de Siberia, entre los ríos Ussuri y Arsenyevka. Con la luz y el viento matinal se anima la vida de la taiga. Un tigre del Amur camina sigilosamente, atento a todo lo que le rodea.

El uso excesivo de las nuevas tecnologías contribuye a deteriorar vuestra atención.

Vuestra inteligencia es vuestro mayor don. Por eso hay poderes que intentan reducir vuestra inteligencia y colonizar vuestra capacidad de atención.

¿Creéis que los millones de seres de la biosfera podrían vivir mucho tiempo si no estuvieran atentos a lo que sucede a su alrededor?

Amanece en Uluru, la montaña sagrada de los aborígenes australianos. Los pitjantjatjara saludan al sol con sus ritos ancestrales. Canguros, ualabíes, emúes y lagartos se bañan en la nueva luz. *131° E*

Se ha extinguido el canguro rabipelado occidental, el ualabí lunado, el ualabí de Grey, el lobo marsupial, el perico del paraíso.

Amanece en la isla multilingüe de Timor. Saludan al nuevo día el loro iris, la paloma perdiz de Wetar, la paloma de Timor, el vinago de Timor, la dúcula de Timor y otras aves que van menguando a medida que se encogen los bosques que eran su hogar. *126° E*

Amanece en la desembocadura del río Yangtsé. El río lega al mar su carga de plásticos y contaminación.

El Yangtsé, una de las dos grandes arterias de China, fluía libre desde tiempo inmemorial. Vuestras fantasías de progreso os han llevado a obstruir su curso con la presa de las Tres Gargantas, una de las mayores del mundo, que ha alterado la distribución de sedimentos a lo largo de toda su cuenca, ha incrementado los desprendimientos de tierras, ha desplazado a más de un millón de personas y ha llevado a la extinción al delfín del Yangtsé y al pez espátula del Yangtsé. La naturaleza viva se convierte en naturaleza muerta.

Lo vivo es espontáneo. Lo automatizado es controlable. Cuanto más os rodeáis de automatismos, más cómodas se vuelven vuestras vidas, al menos en apariencia. Pero también se vuelven más controlables. Cuanta más certeza y control hay en vuestra existencia, más os alejáis de lo vivo.

En vuestra conciencia, en vuestra disposición interior, se forja el marco de la mayoría de circunstancias que vivís.

Fijaos, vuestra experiencia tangible mana de una fuente intangible e interior: lo interior es anterior.

Amanece en la isla de Bali. Dos de los últimos estorninos 115°E de Bali, casi completamente blancos, se esconden entre los árboles.

Se extinguió el tigre de Bali, se extinguió el tigre de Java.

Amanece en el lago Baikal, la joya de agua cristalina de 108°E Siberia.

Creéis que todo resulta de la selección natural y no os dais cuenta de que la simbiosis actúa por todas partes. ¿Cómo explicáis que los hongos ayuden a árboles de distintas especies a conectarse a través de las raíces? ¿No veis que hay en mí mucha más cooperación que competición? Explorando territorios inhóspitos de Siberia, Kropotkin estudió las relaciones entre especies con tanta atención como había hecho Darwin y vio que predominaba la cooperación. Lo explicó en su libro *Ayuda mutua*, pero la sed de competición y control que se había apoderado de vosotros prefirió imaginar que la naturaleza es una lucha de todos contra todos. Si fuera así, las especies ya se habrían empujado unas a otras a la extinción hasta que solo quedara una, que, por sí sola, sin las demás, no podría vivir.

Amanece en el estrecho de Malaca. Las siluetas de vuestros grandes buques casi no se perciben a través del humo de los incendios forestales que asolan Sumatra.

Cuando coméis, bebéis o dormís, ¿lo hacéis para sobrevivir? Si no comierais, bebierais o durmierais, no podríais vivir. Pero cuando coméis, bebéis o dormís, lo hacéis principalmente porque os apetece. Solo tiene sentido pensar en la supervivencia en situaciones de peligro o de extrema precariedad. Todos mis organismos se orientan hacia lo que satisface sus apetencias naturales, hacia el pleno desarrollo de su naturaleza. La apetencia mueve a la naturaleza mucho más que la supervivencia.

Amanece en los atolones coralinos de las islas Cocos.

¿No veis que mis especies tienden a integrarse sinfónicamente en su medio, en su mundo? Si mis criaturas evolucionaran mediante ciegas mutaciones al azar, como todavía enseñáis en las escuelas, mis ecosistemas serían cacofonías, no sinfonías.

Creéis que las aves evolucionaron a través de mutaciones al azar en los reptiles. Si fuera así, la pata perfecta del reptil tendría que transformarse en el ala perfecta del ave a través de una infinidad de accidentes sin propósito.

¿Cuántos millones de generaciones harían falta para pasar del reptil perfecto al ave perfecta a través de accidentes sin propósito? Y ya que habláis de supervivencia, ¿cómo habrían podido sobrevivir hasta tener descendencia esos seres que no serían reptil ni ave, que no tendrían ni patas ni alas de verdad? ¿No veis que es absurdo? Tan absurdo como creer que los sonidos de una obra de arte musical se producen al azar y compiten entre ellos.

Anochece en Isabela, la mayor de las islas Galápagos.

La última tortuga gigante de Pinta, otra isla de las Galápagos, murió hace pocos años. No quedan más.

Amanece en el gran macizo de Altái, en el centro de Asia. *89° E*
Pasta un grupo de íbices siberianos.

Tolkien os habló de una Tercera Edad, de hace miles de años. Os habló de cómo unas pocas personas valientes, con pocos pero buenos aliados, consiguieron derrotar, casi contra toda esperanza, el poder maléfico del Anillo. Es un relato, pero en los buenos relatos podéis aprender más que en los tratados. Hoy el Anillo que promete y da Poder es la tecnología cada vez más acelerada, que promete el dominio de toda la materia, de todo lo que vive y, cada vez más, de las mentes y de las voluntades. Como el Anillo de Sauron, las nuevas promesas de la tecnología son fascinantes, pero tienen un precio tremendo.

El señuelo del Progreso os hizo confundir el ser con el tener. Habéis olvidado lo que sois y os preocupáis de lo que tenéis. Dentro del *saṃsāra* de la existencia creáis el nuevo *saṃsāra* del consumo, todavía más ilusorio.

Creéis que habéis venido a acumular posesiones y *likes*, y olvidáis que el propósito de la existencia es sostener el latido de la vida; proteger la llama de lo bello, bueno y verdadero; crecer abrazando cielo y tierra; custodiar la luz interior. Y, finalmente, despertar: descubrir lo que ya sois, lo que está más cerca de vosotros que vosotros mismos. A ese descubrimiento vuestros antepasados lo llamaron *mokṣa* (liberación) en el hinduismo, *theosis* (deificación, unificación con lo divino) en el cristianismo ortodoxo, *satori* en el budismo zen, despertar (*buddha* significa «despierto») en el budismo en general. Redescubrid lo que dicen esas palabras antes de que sea demasiado tarde.

85° E Una higuera milenaria despierta un día más con el amanecer, cerca del lecho casi siempre seco del río Falgu, en la región de Bihar. Desciende de la que cobijó a Siddharta Gautama, durante la larga noche en que resistió las huestes demoníacas de Mara. Bajo la higuera, en el amanecer, Siddharta me tocó con sus dedos y me hizo testigo de su despertar.

En muchas de vuestras tradiciones espirituales, especialmente las surgidas alrededor del Himalaya, se habla de un ciclo mucho mayor que el de las estaciones. Se habla de una era originaria en que la realidad y vuestra conciencia de la realidad eran más claras, luminosas y genuinas: Satya Yuga, la era de la verdad, la llama el hinduismo. Pero se ha ido fragmentando, acelerando y degenerando, hasta llegar a la era cuarta y última, que el hinduismo llama Kali Yuga (la era de la oscuridad).

El tejido de la realidad se corrompe porque se va degradando el hilo de la conciencia, con el que está tejida.

Ahora estamos, estáis, en el final del Kali Yuga. Por eso necesitáis desesperadamente seguir creyendo en el gran espejismo del progreso. Pero sin duda veis, desde hace tiempo, que vuestro mundo se fragmenta, se vuelve más acelerado y degenera de múltiples maneras. Si prestáis atención, podéis observar el Kali Yuga desplegándose en tiempo real.

Querréis saber qué ocurre cuando acaba el Kali Yuga. Vuestras propias tradiciones os muestran dos formas de verlo. Una dice que tras el final del ciclo hay un brevísimo estado intermedio, una especie de muerte, y luego un nuevo ciclo vuelve a comenzar. Otra afirma que al final de la edad más oscura, tras las más grandes tribulaciones, emerge un período larguísimo (un «milenio») de la mayor armonía y plenitud (eso predicen el Apocalipsis cristiano y el Kālacakratantra budista, entre otros). ¿Cuál de esos finales ocurrirá? Depende.

Cuando la realidad se torne más oscura, tal vez estaréis más cerca de la luz. Cuanto más avanza la noche, más cercano se halla el amanecer —si estáis despiertos. Buscad orientación en vuestras mejores tradiciones espirituales y sapienciales. Aprovechad cada instante para despertar.

81º E   Amanece nevando sobre el monte Kailāśa, una de mis montañas más preciosas, la más venerada.

Copos de nieve caen en silencio sobre las cuatro caras del Kailāśa (Kailash o, en tibetano, Kangri Rinpoche, «preciosa montaña nevada»). El Kailāśa, pirámide de cuatro caras con una cumbre redondeada de nieves perpetuas, es una montaña sagrada para cuatro de vuestras religiones: bön, budismo, hinduismo y jainismo.

De la nieve que cae en la cara norte surgirá la Fuente del León, Sengge Tsangpo, cuyas aguas irán hacia el noroeste y se convertirán en el gran río Indo.

De la nieve que cae en la cara este surgirá la Fuente del Caballo, Tamchok Tsangpo, cuyas aguas irán hacia el

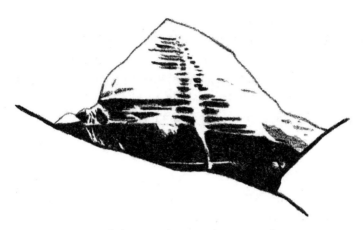

este y se convertirán en mi gran río extraordinariamente parabólico: Yarlung Tsampo (en tibetano) o Brahmaputra («hijo de Brahma» en sánscrito).

De la nieve que cae en la cara sur surgirá la Fuente del Pavo Real, Mabya Tsangpo, cuyas aguas irán hacia el sur y se convertirán en el Karṇālī (en nepalí) o Ghāghrā (en hindi), afluente del Gaṅgā, el gran río sagrado del hinduismo.

De la nieve que cae en la cara oeste surgirá la Fuente del Elefante, Glangchen Tsangpo, cuyas aguas irán hacia el oeste y se convertirán en el Sutlej, gran afluente del Indo.

El Indo, surgido de la Fuente del León, prosigue hacia el noroeste hasta rodear el macizo del Nanga Parbat (el contrafuerte más occidental del Himalaya), toma rumbo al sur, confluye con las aguas del Sutlej, surgidas de la Fuente del Elefante, y desemboca en el mar de Arabia.

El Yarlung Tsampo, nacido de la Fuente del Caballo, acaricia el sagrado lago Manasarovar («lago de la mente») y fluye hacia el este durante mil quinientos kilómetros, paralelo al Himalaya. Luego vira de repente hacia el sur, rodea el contrafuerte más oriental del Himalaya y acaba confluyendo con el Gaṅgā para formar el mayor delta del mundo.

Por un valle orientado hacia el Kailāśa desciende el río Gaṅgā tras nacer en Gaṅgotrī.

Los copos de nieve siguen descendiendo sobre las cuatro caras del Kailāśa. Emprenderán caminos distintos en cuatro direcciones, danzando en las cuencas del subcontinente indio, rodeando al Himalaya con sus brazos de agua.

Vuestras mejores tradiciones de sabiduría, en muchas épocas y lugares, os han recordado la importancia de pulir el espejo de la mente, cuidar la calidad de la conciencia, sanear el río del corazón. Esa dimensión interior es vuestro bien más preciado, vuestro mayor tesoro, la puerta al prodigio de la realidad primera y última: *sat-cit-ananda*, «ser-conciencia-gozo».

Amanece sobre el monte Arunachala, montaña sagrada
shivaíta, en el bosque seco tropical del Decán.

¿Quién eres? ¿Quién eres, antes y más allá de tu nombre, de tu aspecto y de todas tus circunstancias?

¿Quién eres, más allá de todas las máscaras?

Si indagas en quién eres, acabarás viendo que más que tu cuerpo eres tu mente. No la maraña de recuerdos, expectativas e ideas que anidan en tu mente, sino lo que hay en su fondo, la íntima y directa sensación de ser.

Verás que esa sensación no ha cambiado desde los días en que aprendiste a leer.

Esa íntima y directa sensación de ser, ¿no la compartes con todo ser humano que un día caminó sobre la tierra? ¿No la compartes con todo lo que vive, con todo lo que siente, con todo lo que es?

Amanece en el lago Baljash, en Asia Central. Águilas reales, cormoranes y faisanes sienten el cambio en el aire y en la superficie de las aguas.

Tú eres eso que ves, tú eres eso que sientes, tú eres eso que concibes. Tú eres vida, tú eres conciencia, eso tú eres.

69° E A través de la niebla, amanece en las islas Kerguelen. Despiertan albatros, palomas antárticas, lobos marinos, leones marinos, elefantes marinos, pingüinos.

No estamos separados. Vuestro cuerpo reverbera con mi cuerpo y con el cuerpo del cosmos. Sois microcosmos, manifestaciones encarnadas del conjunto de la realidad. Vuestros cuerpos y mi cuerpo son reflejos del cuerpo del cosmos. Vuestras mentes y mi mente son reflejos de la mente del cosmos. Y el conjunto del cosmos siente lo que cada uno de los seres sentís.

60° E Amanece sobre las aguas transparentes del lago Turgoyak, en el sur de los montes Urales.

60° E Amanece en el desierto de Aralkum, en lo que hasta hace pocas décadas era el mar de Aral. Vuestras fantasías de progreso llevan a convertir mares en desiertos, como ha ocurrido en el mar de Aral.

En el fondo de realidad siempre late la vida. La muerte solo es un umbral. Pero existen espacios sin vida, como los que vais creando con asfalto y hormigón, con violencia y contaminación, con codicia y confusión.

Amanece lloviendo en las islas Crozet. *51°E*

Como os explicó uno de vuestros grandes filósofos, Plotino, vuestras mentes humanas y mi psique, la psique de la Tierra, son hermanas menores de una psique más primordial, la Psique del Cosmos. La Psique del Cosmos, nuestra hermana mayor, emana de la Inteligencia de la que surge toda realidad manifestada, tangible e intangible.

Amanece en las docenas de islas del lago Urmía. Un escribano palustre nota el cambio en el aire. *45°E*

En el fondo de la realidad brilla la luminosidad de la conciencia, prístina como la aurora en un cielo despejado tras una noche de lluvia y viento.

En el despliegue de la luz aparecen las sombras, y esas sombras crecen y crean zonas de oscuridad. Del mismo modo que la mentira tiene un grado de existencia menor que la verdad, también la maldad tiene una existencia menos plena que la bondad. Es real, por supuesto, pero menos real. El mal que veis en el mundo no es simplemente un contrario del bien, sino lo que alguno de vuestros filósofos llamó un «subcontrario». La salud y la enfermedad no son contrarios en un mismo plano. Pensad en una enfermedad mortal. Si la salud del organismo se impone sobre la enfermedad, la salud del organismo perdura. Si en cambio se impone la enfermedad, el organismo perece y con él desaparece la enfermedad. La salud no necesita a la enfermedad, pero la enfermedad es como un parásito de la salud. También el mal es un parásito del bien.

La salud existe en un plano superior a la enfermedad, tal como el bien existe en un plano superior al mal. También el día existe en un plano más real que la noche. El día incluye a la noche, pero la noche no incluye al día.

41º E   Amanece en el mar Rojo.

Todo lo que llamáis mundo es conciencia que habéis olvidado que lo era. Los mundos no existen por sí mismos, solo existen como reflejos de la conciencia. Por eso el camino para entender el mundo no es la materia sino la conciencia.

39º E   Amanece en el mar Blanco.

Sabéis que sois muy distintos de los otros seres de la biosfera. Si no fuéseis tan distintos, estaríais mucho mejor integrados. Pero ese no es vuestro papel en la gran obra del cosmos.

Es cierto que en términos de bioquímica apenas os diferenciáis de un conejo, un cerdo o un bonobo. Y sin duda los conejos, cerdos y bonobos tienen su vida interior. Pero en comparación con la vuestra, la suya es bastante más sencilla. Vuestra vida interior es tremendamente complicada, por eso caéis tan fácilmente en la codicia, en la destructividad y en la confusión. Los pocos de vosotros que despiertan se liberan de esos tres venenos. Y así pueden vivir en paz. Como viven en paz las criaturas con una vida interior más sencilla. Pero no caigáis en la tentación de volveros estúpidos, de volveros autómatas. El camino humano es una odisea en la que necesariamente hay tempestades. Hay que atravesarlas, lo mejor protegidos que podáis, sin perder el rumbo.

Amanece en las cataratas del Nilo Azul. *37° E*

La muerte no es un final, es un umbral.

Todo fluye transformándose. La palabra muere en el silencio, y del silencio nace la palabra. De cada luna que muere nace una luna nueva. El día muere y nace la noche, que morirá para que nazca un nuevo día. La primavera muere en el verano, el invierno muere en la primavera. La muerte de la flor da lugar al fruto. La muerte nunca es para siempre: la muerte no puede vivir, y lo que no vive no es.

En el gran teatro del mundo, el telón baja para pasar a una nueva escena, un nuevo acto, una nueva obra. Muchos de entre vosotros han reunido evidencia de que la muerte no es un final. Pero vuestras fantasías materialistas os impiden daros cuenta y os llevan a temer la muerte. Solo tenéis que temer las consecuencias de vuestra ignorancia, de vuestra codicia y de vuestra falta de consideración —consecuencias que repercutirán en vosotros cuando estéis en otra escena, tal vez de otra obra. El miedo a la muerte os impide vivir plenamente, os vuelve más manipulables y os hace buscar la inmortalidad en los espejismos del transhumanismo.

La inmortalidad es vivir en plenitud, aquí y ahora.

La consciencia no se crea ni se destruye, sino que se transforma.

35° E   Amanece, un día más, en el cráter del Ngorongoro.

ECOS

Life is not an accident that adheres to matter. […]
*The Earth is a living being; the universe is a living being;
the whole cosmos is alive* […]. *In short, reality is alive.*

La vida no es un accidente que se adhiere a la materia. […]
La Tierra es un ser vivo; el universo es un ser vivo;
el cosmos entero está vivo […]. Es decir, la realidad está viva.

Raimon PANIKKAR, *The Rhythm of Being*
(*El ritmo del Ser*), 2010

The "real world" in which we find ourselves,
then —the very world our sciences strive to fathom—
is not a sheer "object", not a fixed and finished "datum" from which
all subjects and subjective qualities could be pared away,
but is rather an intertwined matrix of sensations and perceptions,
a collective field of experience lived through
from many different angles.

Por tanto, el «mundo real» en el que nos encontramos
(ese mismo mundo que las ciencias se esfuerzan en descifrar)
no es ni un mero «objeto» ni un «dato» fijo y acabado del
que podamos separar todos los sujetos y todas las cualidades
subjetivas. Es más bien una matriz entrelazada de sensaciones
y percepciones, un campo colectivo de experiencia vivido
desde múltiples ángulos distintos.

David ABRAM, *The Spell of the Sensuous*
(*La magia de los sentidos*) 1996

*The nature of reality is none other than consciousness,
which, needless to say, cannot be limited to only
its individual human mode.*

La naturaleza de la realidad no es otra que la conciencia,
que, huelga decir, no se limita únicamente
a su modo humano individual.

Seyyed Hossein Nasr, *Knowledge and the Sacred*
(*El conocimiento y lo sagrado*), 1981

*Du kannst dich also flach auf den Boden werfen und dich auf
Mutter Erde ausstrecken, mit der festen Überzeugung,
dass du eins mit ihr bist und sie mit dir. [...]
Immer und ewig gibt es nur ein Jetzt, ein und dasselbe Jetzt;
die Gegenwart ist das einzige, was kein Ende hat.*

Puedes lanzarte al suelo y estirarte sobre la Madre Tierra,
con la firme convicción de que eres uno con ella y ella contigo.
[...] Siempre y eternamente solo hay un *ahora*, un ahora que
es uno y el mismo; el presente es lo único que no tiene fin.

Erwin SCHRÖDINGER, *Meine Weltansicht* (*Mi visión del mundo*), 1961

Die grosse Zeit besteht wieder aus Tagen und Nächten,
die voll von Zaubern sind, und aus Morgen und Abenden,
aus Mittagen und Dämmerungen, und das geduldige Herz
der Welt schlägt weiter. Wenn wir uns auf die Wiese legen,
das Ohr an der Erde, oder uns über die Brücke übers
Wasser beugen, oder lang in den hellen Himmel blicken,
so hören wir es, das grosse ruhige Herz, und es ist das
Herz der Mutter, deren Kinder wir sind.

El gran tiempo consiste de nuevo en días y noches
llenos de encanto, y en mañanas y tardes, en mediodías
y crepúsculos, y el paciente corazón del mundo
sigue latiendo. Cuando nos tendemos sobre el prado
con el oído en la tierra, o desde el puente nos inclinamos
sobre el agua, o contemplamos largamente el cielo claro,
lo oímos: el corazón grande y tranquilo, el corazón
de la madre, cuyos hijos somos nosotros.

Hermann HESSE, *Wanderungen* (*El caminante*), 1920

We live in succession, in division, in parts, in particles.
Meantime within man is the soul of the whole; the wise silence;
the universal beauty, to which every part and particle
is equally related; the eternal ONE.
And this deep power in which we exist, and whose beatitude
is all accessible to us, is not only self-sufficing and perfect
in every hour, but the act of seeing and the thing seen,
the seer and the spectacle, the subject and the object, are one.
We see the world piece by piece,
as the sun, the moon, the animal, the tree;
but the whole, of which these are the shining parts, is the soul.

Vivimos en sucesión, en división, en partes, en partículas.
Mientras, en el ser humano se encuentra el alma del todo;
el sabio silencio, la belleza universal, con la que cada parte
y partícula están igualmente relacionadas; el eterno UNO.
Y este poder más profundo en el que existimos, cuya beatitud
se halla toda a nuestro alcance, es autosuficiente y perfecto
a cada hora, y en él son uno el acto de ver y la cosa vista,
aquel que ve y el espectáculo, el sujeto y el objeto.
Vemos el mundo en partes separadas: el sol, la luna,
el animal, el árbol; pero el conjunto, del que emanan
estas partes resplandecientes, es el alma.

Ralph Waldo EMERSON, «The Over-Soul» («La supra-alma»), 1841

Remember, that whatever is, lives.
A thing absolutely lifeless is inconceivable,
except as a thought, image or fancy,
in some other being.

Recuerda que todo lo que *es, vive.*
Una cosa absolutamente inerte es inconcebible,
excepto como un pensamiento, imagen o fantasía
en algún otro ser.

Samuel Taylor COLERIDGE, *On the Constitution of the Church and State*
(*Sobre la constitución de la Iglesia y el Estado*), 1839

The tree that moves some to tears of joy is in the Eyes of others
only a Green thing which stands in the way.
Some see Nature all Ridicule & Deformity,
& by these I shall not regulate my proportions.
& some scarce see Nature at all.
But to the Eyes of the Man of Imagination,
Nature is Imagination itself.
As a Man is, So he Sees.

El árbol que a unos hace llorar de alegría, a ojos de otros
solo es una cosa verde que se interpone en su camino.
Algunos en la naturaleza solo ven ridiculez y deformidad,
y esos no me servirán de guía.
Y otros la naturaleza apenas la ven.
Pero a ojos de la persona imaginativa,
la naturaleza es la imaginación misma.
Tal como uno es, así ve.

William BLAKE, carta al Dr. John Trusler, 23 de agosto de 1799

Ea, quæ hucusque ostendimus, admodum communia sunt, nec magis ad homines, quam ad reliqua Individua pertinent, quæ omnia, quamvis diversis gradibus, animata tamen sunt.

Lo que hemos mostrado hasta aquí es muy común y no es más propio de los seres humanos que del resto de seres individuales, todos los cuales, aunque en diversos grados, están animados.

Baruch DE SPINOZA, *Ethica ordine geometrico demonstrata*
(*Ética demostrada según el orden geométrico*, 1677),
parte 2, proposición 13, escolio

Swer sich selben bekennet, der bekennet alle crêatûren.

Quien se conoce a sí mismo, conoce a todas las criaturas.

Maestro ECKHART, *Vom edlen Menschen* (*Del hombre noble*)

En cascú home ha de totes creatures.

En cada persona se hallan todas las criaturas.

Ramon LLULL, *Proverbis de Ramon*

草木國土 これ心なり
心なるがゆゑに衆生なり
衆生なるがゆゑに有佛性なり
日月星辰 これ心なり
心なるがゆゑに衆生なり
衆生なるがゆゑに有佛性なり

La hierba, los árboles, las tierras son mente;
como son mente, son seres vivientes,
y como son seres vivientes, son naturaleza de Buda.
El sol, la luna y las estrellas son mente;
como son mente, son seres vivientes,
y como son seres vivientes, son naturaleza de Buda.

DŌGEN, *Shōbōgenzō, Busshō*, § 46

Πρῶτον τοίνυν θετέον ζῷον ἓν πάντα τὰ ζῷα τὰ ἐντὸς αὑτοῦ περιέχον τόδε τὸ πᾶν εἶναι, ψυχὴν μίαν ἔχον εἰς πάντα αὑτοῦ μέρη [...]. Τοῦτο δὲ οὐ μόνον ἓν ζῷον, ἀλλὰ καὶ πολλὰ ὂν ὁρᾶται.

Primero, hay que afirmar que el universo es un ser vivo, que abarca a todos los seres vivos que hay en él y tiene un alma que se extiende a todos sus miembros [...]. Pero el universo puede verse no solo como un ser vivo, sino como muchos.

PLOTINO, *Enéadas*, 4.4.32

Ἀρμονίη ἀφανὴς φανερῆς κρέσσων

La armonía invisible es más fuerte que la armonía visible.

HERÁCLITO de Éfeso, fragmento A 20 (edición de Giorgio Colli)

तत् त्वम् असि

Tat tvam asi

Eso tú eres.

Chāndogya-upaniṣad, 6.8.7